Mohamed Mahyoub Hatem

Israël : la Promesse divine ou la Déclaration de Balfour?

Mohamed Mahyoub Hatem

Israël : la Promesse divine ou la Déclaration de Balfour?

Éditions Croix du Salut

Imprint

Any brand names and product names mentioned in this book are subject to trademark, brand or patent protection and are trademarks or registered trademarks of their respective holders. The use of brand names, product names, common names, trade names, product descriptions etc. even without a particular marking in this work is in no way to be construed to mean that such names may be regarded as unrestricted in respect of trademark and brand protection legislation and could thus be used by anyone.

Cover image: www.ingimage.com

Publisher:
Éditions Croix du Salut
is a trademark of
Dodo Books Indian Ocean Ltd. and OmniScriptum S.R.L publishing group

120 High Road, East Finchley, London, N2 9ED, United Kingdom
Str. Armeneasca 28/1, office 1, Chisinau MD-2012, Republic of Moldova, Europe
Printed at: see last page
ISBN: 978-620-6-17100-3

Table des matières

Deuxième partie la déclaration de Balfour

Introduction

Il s'agit, dans ce livre, d'exposer la vérité divine concernant les Enfants d'Israël et la Terre Promise que ce soit dans la Bible ou dans le Saint Coran par rapport à la situation actuelle d'une manière professionnelle.

Le Tout-Puissant a dit: *Ceux à qui nous avons donné le Livre, le reconnaissent comme ils reconnaissent leurs enfants. Or une partie d'entre eux cache la vérité, alors qu'ils la savent ! (Sourate Al-Baqarah (la Vache) verset 146)* Ils la savent cette vérité comme ils connaissent leurs enfants c'est-à-dire le Saint Coran et font le contraire.

C'est le seul peuple que Dieu (Louange à Lui) a honorés en lui envoyant des prophètes et des messagers et lui a montré des miracles comme par exemple en traversant la Mer Rouge fuyant Pharaon qui sera noyé avec son armée en voulant le rattraper.

"ô enfants d'Israël, rappelez-vous Mon bienfait dont Je vous ai comblés, que Je vous ai préférés à tous les peuples (de l'époque). (Sourate Al-Baqarah (la Vache) verset 40).

Et les livres célestes furent révélés aux Enfants d'Israël. Allah (Louange à Lui) a mentionnés cela à des nombreux endroits dans le Saint Coran.

Tout musulman doit obligatoirement croire en ces livres célestes antérieurs au Saint Coran comme venant de Dieu : la Torah, la Bible et l'Evangile. Mais ces livres saints antérieurs ont été déformés, altérés et changés dans le temps. Dieu (Louange à Lui) a remplacé ces livres par le Saint Coran.

Ibn 'Abbas (qu'Allah l'agrée) a rapporté :" Tous les prophètes sont parmi les Enfants d'Israël, à l'exception de dix: Noé, Hud, Lot, Saleh, Shu'ayb, Abraham, Ismaël, Jacob, Jésus (juif par sa mère) et Mouhammad."

Le Prophète Mouhammad (Paix et bénédictions sur Lui) est de la lignée d'Abraham (Paix sur Lui). Il est le Sceau des Prophètes.

Et quand Jésus fils de Marie dit : *"ô Enfants d'Israël, je suis vraiment le Messager d'Allah [envoyé] à vous, confirmateur de ce qui, dans la Thora, est antérieur à moi, et annonciateur d'un Messager à venir après moi, dont le nom sera "Ahmad". Puis quand celui-ci vint à eux, (le Prophète Mouhammad (Paix et bénédictions sur Lui))*

Le Messager d'Allah, Mouhammad (Paix et bénédictions sur Lui) a rapporté qu'il a vu quelques feuilles de la Torah dans la main d'Omar et s'est mis en colère et a dit: " As-tu des doutes, ô Ibn al-Khattab ? Je te l'ai apporté blanc pur c'est à dire le Saint Coran, si Moïse était vivant, il ne pourrait que me suivre."

Les Enfants d'Israël qui étaient à Médine ont observé les miracles du Prophète Mouhammad (Paix et bénédictions sur Lui). Néanmoins, ils n'ont jamais voulu admettre sa prophétie et leur hostilité envers Allah (Louange à Lui) se poursuivra jusqu'au Jour du Jugement. Ils ne peuvent pas changer leur attitude, générations après générations. C'est la volonté divine.

Exemple d'hostilité envers le Messager de Dieu:

L'histoire de la vieille femme de Khaybar :

A Khaybar (près de Médine et fief des Juifs), les Juifs conspirèrent entre eux pour tuer le Messager de Dieu (Paix et bénédictions sur Lui), et se débarrasser de Lui. Ils nommèrent une femme parmi eux, Zeinab bint Al-Harith, épouse de Salam bin Mishkam.

D'après 'Abder Rahman Ibn 'Awf (qu'Allah l'agrée) : Le Prophète (Paix et bénédictions sur Lui) acceptait les cadeaux mais ne mangeait pas de l'aumône.

Zeinab a donné une brebis grillée qu'elle avait empoisonnée.

Le Prophète (Paix et bénédiction sur Lui) en a mangé et les gens en ont mangé.

Alors le Prophète (Paix et bénédictions sur Lui) a dit: " Levez vos mains car elle (la brebis une fois cuite) m'a certes informé qu'elle est empoisonnée".

Bichr Ibn Al Bara Ibn Ma'rour Al Ansari (qu'Allah l'agrée) en est mort et alors le Prophète (Paix et bénédictions sur Lui) a envoyé quelqu'un pour demander à Zeinab: Qu'est ce qui t'a poussé à faire ce que tu as fait?

Elle a dit: Si tu es un prophète alors ce que j'ai fait ne t'a nuit en rien mais si tu es un roi alors j'aurais libéré les gens de toi.

Le Prophète (Paix et bénédictions sur Lui)) a ordonné qu'elle soit tuée pour avoir occasionner la mort de Bichr.

Puis le Prophète (Paix et bénédictions sur Lui) a dit lors de la maladie à la suite de laquelle il est mort: " Je ne cesse de ressentir la douleur due à ce que j'ai mangé à Khaybar, c'est cela qui maintenant coupe mon aorte".

(Rapporté par Abou Daoud dans ses *Sounan* (traditions prophétiques) n°4512 et authentifié par Cheikh Albani dans sa correction des *Sounan* Abi Daoud).

La question ici est la suivante : lorsque les Juifs ont su, preuve à l'appui, que Mouhammad (Paix et bénédictions sur Lui) est le Messager de Dieu et Son Prophète, pourquoi n'ont-ils pas cru en lui ?

Il peut être permis aux érudits musulmans d'étudier ces Livres célestes judéo-chrétiens pour réponde aux érudits Juifs et Chrétiens.

J'ai lu moi-même le Saint Coran, la Bible, l'Evangile et le Talmud pour pouvoir démontrer et analyser la situation passée et actuelle au Moyen Orient entre les Palestiniens et les Israéliens et c'est ce que j'espère y arriver dans cette longue étude d'une manière objective et documentée.

Première partie. Israël: la Promesse divine

I.1 Les Enfants d'Israël mentionnés dans le Saint Coran

J'ai cherché dans le Saint Coran les *sourates* (chapitres) dans lesquelles les Enfants d'Israël y figurent, elles sont nombreuses.

L'ordre des versets est conforme à l'ordre coranique des *sourates* de Al-Fatiha (Prologue) à Al-Nas (les Gens) comme exposé dans le tableau ci-dessous.

Tableau n°1 *les sourates* dans le Saint Coran dans lesquelles figurent la citation des Enfants d'Israël

N° *Sourate*	Nom de la *Sourate*	Nombre des versets de la *Sourate*	Versets de la *Sourate* citant les Enfants d'Israël
1	Prologue (Fatiha)	7	1
2	Al Baqarah. (La Vache).	286	71
3	La Famille d'Imran	200	37
4	Les Femmes	176	13
5	Le plateau servi	120	44
6	Les bestiaux	165	5
7	Les limbes	206	64
8	Les dépouilles	175	2
9	Le repentir	129	3
10	Jonas	109	20
11	Houd	123	6
12	Joseph (Youssouf)	111	101
14	Ibrahim ou Abraham	52	4
16	Les abeilles	128	2
17	Le voyage nocturne	111	11
18	La grotte	110	22
19	Marie	98	12
20	TAHA	135	90
21	Les Prophètes	112	12
22	Le pèlerinage	78	2

23	Les croyants	118	6
25	Le discernement	77	2
26	Les poètes	227	59
27	Les fourmis	93	39
28	Le récit	88	58
29	L'araignée	68	2
32	Le prosternement	30	3
33	Les coalisés	73	3
34	Saba	53	5
38	S'AD	88	20
40	Le Pardonneur	85	26
41	Les détaillés	54	1
42	La consultation	53	1
43	L'ornement	89	17
44	La fumée	59	17
45	L'agenouillée	37	2
46	Al Ahkaf	35	3
51	Qui éparpillent	60	3
53	L'étoile	62	1
57	Le fer	29	2
59	La mobilisation	24	7
61	Le rang	14	3
62	Le vendredi	11	4
69	Qui s'avère	52	2
73	Dans les draps	20	2
79	Celles qui tirent	46	12
87	Le Très-Haut	19	2
89	L'aube	30	5
98	La preuve	8	8

Source: Dr Mohamed Mahyoub Hatem

N.B Joseph 111. Dans cette *sourate*, le mot « Enfants d'Israël » n'est pas mentionné, bien que Jacob (Paix sur Lui) son nom est Israël, et que lui et ses enfants suivent la religion de leur père Abraham (Paix sur Lui), la religion de *Hanifiya*[1], et le mot juif n'est pas mentionné dans cette *sourate*. Il contient 111 versets dont nous avons tiré 101 versets qui parlent de Joseph (Paix sur Lui) et de ses frères.

Bennabi a consacré 43 pages dans son livre "Le phénomène coranique" sur le récit de Joseph (Paix sur Lui), dans la Bible et dans le Saint Coran. Il a trouvé beaucoup de similitude dans les deux versions.[2]

La trame de l'histoire est la même, dit-il, page 153, exactement la même dans les deux versions.

Au total, le nombre des *sourates* dans lesquelles les invocations des Juifs sont mentionnées est de 49 sur 114 *sourates* donc 43 %, soit près de la moitié des *sourates*. Et 800 versets sur 6236 versets soit environ 13%.

D'autre part le tableau n°2 ,ci-dessous, montre le nombre des fois dont les noms des 3 Prophètes sont mentionnés dans le Saint Coran. Le nom du Prophète Moise (Paix sur Lui[3]) qui figure dans le Saint Coran, est de loin le plus mentionné par rapport aux deux autres Prophètes.

---

[1] Le *hanifisme* est, selon la croyance musulmane, le monothéisme préislamique. Le Saint Coran en attribue l'origine à Abraham (Paix sur Lui). Il est mentionné dans la 3e *sourate* (Al-'Imran), versets 67-68 : " Ibrahim ne fut ni juif ni chrétien, mais fut monothéiste (*hanif*) et soumis (*muslim*) à Allah".

[2] Malek Bennabi "Le Phénomène Coranique". Essai d'une théorie sur le Saint Coran. En 1947,1 il publie cet ouvrage à Alger, en français.

[3] Dans la tradition musulmane seul le Prophète Mouhammad a la mention "Paix et bénédictions sur Lui" quand on Le cite oralement ou par écrit(en arabe *aleihi al salaat wal salaam*) et les autres Prophètes seulement "Paix sur Lui" (*aleihi al slaam*). Jésus Christ (Paix sur Lui) est considéré en Islam comme Messager et Prophète.

Le tableau n°2. Nombre des fois dont les noms des 3 Prophètes sont mentionnés dans le Saint Coran.

Le nom	Nombre des fois dont le nom est cité dans le Saint Coran
Moïse (Paix sur Lui)	134
Jésus Christ (Paix sur Lui)	25
Mouhammad et Ahmed (Son deuxième nom) (Paix et bénédictions sur Lui)	5

Source Dr Mohamed Mahyoub Hatem

Dans le Saint Coran, il y a quatre appellations des Juifs avec des noms différents (les Enfants d'Israël (*bani israil*), ceux qui nous avons guidé (*alladi hadeina)*, Hud *(houd)* et les Juifs (*al yahoud*).

Les "Gens du Livre", pour le Saint Coran, sont les Juifs et les Chrétiens.

Le Saint Coran, contrairement à la Bible, qui est une séquence historique des Enfants d'Israël, le Saint Coran, dans différentes sourates rassemble les événements des enfants d'Israël sans séquences historiques.

I.2 La leçon de la répétition des histoires sur le Enfants d'Israël dans le Saint Coran

I.2.1 Sheikh Mouhammad Al-Ghazali [4]

Al-Ghazali qu'Allah lui fasse miséricorde dit : " Cette répétition doit avoir une raison, et cet apport continu doit avoir la sagesse voulue par Ce noble Législateur, qui est Dieu et nous avons travaillé dur pour connaître la sagesse et la découvrir à partir de ses nombreux contenus, nous avons donc constaté que le Saint Coran parlait des Enfants d'Israël dans les étapes de leur histoire. Une fois Il s'adresse à eux avec des éloges et une autre fois avec dureté en fonction de leurs attitudes réprouvables".

---

[4] Al-Ghazâlî est né en 1058 dans la ville de Tûs, dans le Khorasan, en Perse (Iran actuellement). Il est soufi musulman . Un de ses ouvrages majeurs, *Revivification des sciences de la religion (Ihya' ulum al-Dîn)*, Il meurt en 1111, à l'âge de 53 ans.

Dans la Sourate 44 : AD-DUKHAN (LA FUMEE) dit le Seigneur :

30. Et certes, Nous sauvâmes les Enfants d'Israël du châtiment avilissant

31. de Pharaon qui était hautain et outrancier.

32. A bon escient Nous les choisîmes parmi tous les peuples de l'univers.

Ils étaient autrefois le peuple élu, et que leur choix n'était pas une question de risque ou de favoritisme, mais avec la connaissance divine.

Le Tout-puissant a dit: *Sourate 45 : AL-JATHYA (L'AGENOUILLÉE)*

16. Nous avons effectivement apporté aux Enfants d'Israël le Livre, la sagesse, la prophétie, et leur avons attribué de bonnes choses, et les préférâmes aux autres humains [leurs contemporains];

17. Et Nous leur avons apporté des preuves évidentes de l'Ordre . Ils ne divergèrent qu'après que la science leur fut venue, par agressivité entre eux. Ton Seigneur décidera parmi eux, au Jour de la Résurrection, sur ce en quoi ils divergeaient.

Dans d'autres versets, le Seigneur, Louange à Lui, leur fait des reproches et Il dit :

Sourate 7 : AL-ARAF ou LES LIMBES

167. Et lorsque ton Seigneur annonça qu'Il enverra certes contre eux quelqu'un qui leur imposera le pire châtiment jusqu'au Jour de la Résurrection. En vérité ton Seigneur est prompt à punir mais Il est aussi Pardonneur et Miséricordieux.

Il est insensé de penser que si la personne est élevé aujourd'hui son élévation sera jusqu'à demain. Tout peut changer en fonction de nos attitudes et de nos comportements.

Il est insensé de penser que le livre d'histoire est une page qui reste devant les yeux, que l'histoire est constituée de pages consécutives, à partir desquelles aujourd'hui ce qui est publié sera publié demain.

Ici, nous devons comprendre, la leçon que Dieu, Louange à Lui, met à l'épreuve par l'élévation et l'humilité, met à l'épreuve également par la peur et la sécurité, par la richesse et la pauvreté.

Sourate 53 : AN-NAJM (L'ÉTOILE)

42. et que tout aboutit, en vérité, vers ton Seigneur,

43. et que c'est Lui qui a fait rire et qui a fait pleurer,

44. et que c'est Lui qui a fait mourir et qui a ramené à la vie,

Un exemple d'épreuve d'humilité: le roi Salomon (Paix sur Lui), alors qu'il était en Palestine, a demandé qu'on lui apporte le trône de Bilqis[5], et ce trône lui a été apporté.

Sourate 27 : AN-NAML (LES FOURMIS)

40. Quelqu'un qui avait une connaissance du Livre dit: "Je te l'apporterai (le trône) avant que tu n'aies cligné de l'œil".

Quand ensuite, Salomon a vu le trône installé auprès de lui, il dit : "Cela est de la grâce de mon Seigneur, pour m'éprouver si je suis reconnaissant ou si je suis ingrat. Quiconque est reconnaissant. c'est dans son propre intérêt qu'il le fait, et quiconque est ingrat alors mon Seigneur Se suffit à Lui-même et Il est Généreux".

Ce grand homme a vu et a trouvé que son autorité était vaste, et qu'il possédait une extraordinaire puissance. Alors a-t-il été tenté par l'arrogance? Non, il s'est humilié devant Dieu (Louage à Lui).

La vérité est que pour les individus comme pour les groupes, nous vivons tous les expériences et les tentations et les croyants doivent remercier leur Créateur.

Alors le Cheikh Al-Ghazâlî (qu'Allah lui fasse miséricorde) dit : " Allah nous a-t-il raconté l'histoire des Enfants d'Israël pour nous divertir? Non, mais plutôt pour sensibiliser les croyants, comme s'Il disait : voici l'histoire de ceux qui vous précèdent, et vous livre des révélations infaillibles. Un Saint Coran qui rappelle aux gens et réveille les imprudents, afin qu'ils apprennent l'histoire des Enfants d'Israël, à retenir les raisons de la louange et des réprimandes?"

I.2.2 Le point de vue du Saint Coran sur les Enfants d'Israël

Quant à la vision du Saint Coran sur les Enfants d'Israël, elle peut être résumée dans les six points suivants:

Premièrement : **Les Juifs sont de deux catégories** : les bons croyants et les gens injustes, désobéissants et immoraux : le Saint Coran ne traite pas les Juifs comme une race ou un peuple accepté ou rejeté dans son intégralité, mais comme des personnes appartenant soit au camp de la foi, soit au camp de l'incrédulité.

---

[5] Nom arabe de la reine de Saba

Sourate 32 : AS-SAJDA (LE PROSTERNATION)

23. Nous avons effectivement donné à Moïse le Livre, ne sois donc pas en doute sur ta rencontre avec lui, et l'avons assigné comme guide aux Enfants d'Israël.

24. Et Nous avons désigné parmi eux des dirigeants qui guidaient (les gens) par Notre ordre aussi longtemps qu'ils enduraient et croyaient fermement en Nos versets.

Sourate 4 : AN-NISA' (LES FEMMES)

160. C'est à cause des iniquités des Juifs que Nous leur avons rendu illicites les bonnes nourritures qui leur étaient licites, et aussi à cause de ce qu'ils obstruent le sentier d'Allah, à eux-mêmes et à beaucoup de monde,

161. et à cause de ce qu'ils prennent des intérêts usuraires, qui leur étaient pourtant interdits, et parce qu'ils mangent illégalement les biens des gens. A ceux d'entre eux qui sont mécréants Nous avons préparé un châtiment douloureux.

Deuxièmement : Le phénomène dominant parmi les Enfants d'Israël était la mécréance et la désobéissance.

Sourate 5 : AL-MA-IDAH (LA TABLE SERVIE)

66. S'ils avaient appliqué la Thora et l'Evangile et ce qui est descendu sur eux de la part de leur Seigneur, ils auraient certainement joui de ce qui est au-dessus d'eux et de ce qui est sous leurs pieds . Il y a parmi eux un groupe qui agit avec droiture; mais pour beaucoup d'entre eux, comme est mauvais ce qu'ils font !

Sourate 3 : AAL-IMRAN (LA FAMILLE D'IMRAN)

110. Si les gens du Livre croyaient, ce serait meilleur pour eux, il y en a qui ont la foi, mais la plupart d'entre eux sont des pervers.

113. Mais il ne sont pas tous pareils. Il est, parmi les gens du Livre, une communauté droite qui, aux heures de la nuit, récite les versets d'Allah en se prosternant.

Troisièmement : Allah (Louange à Lui) a dénigré un certain nombre de comportements et d' immoralité de la majorité des Juifs, et a révélé beaucoup de leurs caractéristiques, afin que les croyants soient attentifs à leur traitement:

a - L'intensité de l'hostilité et de la haine envers les croyants.

Sourate 5 : AL-MA-IDAH (LA TABLE SERVIE)

82. Tu trouveras certainement que les Juifs et les associateurs (païens) sont les ennemis les plus acharnés des croyants.

Sourate 3 : AAL-IMRAN (LA FAMILLE D'IMRAN

118. La haine certes s'est manifestée dans leurs bouches,

mais ce que leurs poitrines cachent est encore plus énorme. Voilà que Nous vous exposons les signes. Si vous pouviez raisonner !

119. Vous, (Musulmans) vous les aimez, alors qu'ils ne vous aiment pas; et vous avez foi dans le Livre tout entier.

Et lorsqu'ils vous rencontrent, ils disent "Nous croyons"; et une fois seuls, de rage contre vous, ils se mordent les bouts des doigts. Dis : "mourrez de votre rage"; en vérité, Allah connaît fort bien le contenu des cœurs.

Sourate 2 : Al-BAQARAH (LA VACHE)

120. Ni les Juifs, ni les Chrétiens ne seront jamais satisfaits de toi, jusqu'à ce que tu suives leur religion. Dis : "Certes, c'est la direction d'Allah qui est la vraie direction". Mais si tu suis leurs passions après ce que tu as reçu de science, tu n'auras contre Allah ni protecteur ni secoureur.

b – Le massacre des prophètes et des messagers.

Sourate 5 : AL-MA-IDAH (LA TABLE SERVIE)

70. Certes, Nous avions déjà pris l'engagement des Enfants d'Israël, et Nous leur avions envoyé des messagers.

Mais chaque fois qu'un Messager leur vient avec ce qu'ils ne désirent pas, ils en traitent certains de menteurs et ils en tuent d'autres.

c - La distorsion de la Torah et la falsification des paroles de Dieu et la calomnie contre Lui.

Sourate 2 : Al-BAQARAH (LA VACHE)

75. - Eh bien, espérez-vous [Musulmans], que des pareils gens (les Juifs) vous partageront la foi? Alors qu'un groupe d'entre eux, après avoir entendu et compris la parole d'Allah, la falsifièrent sciemment.

Sourate 4 : AN-NISA' (LES FEMMES)

46. Il en est parmi les Juifs qui détournent les mots de leur sens, et disent : "Nous avions entendu, mais nous avons désobéi", "écoute sans qu'il te soit donné d'entendre", et favorise nous "Raina", tordant la langue et

attaquant la religion. Si au contraire ils disaient : "Nous avons entendu et nous avons obéi", "écoute", et "regarde nous", ce serait meilleur pour eux, et plus droit. Mais Allah les a maudits à cause de leur mécréance; leur foi est donc bien médiocre.

Sourate 3 : AAL-IMRAN (LA FAMILLE D'IMRAN

75. Ils profèrent des mensonges contre Allah alors qu'ils savent.　.

181. Allah a certainement entendu la parole de ceux qui ont dit : "Allah est pauvre et nous somme riches". Nous enregistrons leur parole, ainsi que leur meurtre, sans droit, des prophètes. Et Nous leur dirons : "Goûtez au châtiment de la fournaise.

Sourate 5 : AL-MA-IDAH (LA TABLE SERVIE)

64. Et les Juifs disent : "La main d'Allah est fermée ! " Que leurs propres mains soient fermées, et maudits soient-ils pour l'avoir dit. Au contraire, Ses deux mains sont largement ouvertes: Il distribue Ses dons comme Il veut.

d - Prendre des dieux et tomber dans le *cherk* (l'association avec Dieu).

Les Enfants d'Israël adorèrent le Veau fabriqué avec leurs or et parures. Dieu (Louange à Lui) dit:

Sourate 2 : Al-BAQARAH (LA VACHE)

51. Et [rappelez-vous], lorsque Nous donnâmes rendez-vous à Moïse pendant quarante nuits ! Puis en son absence vous avez pris le Veau pour idole alors que vous étiez injustes (à l'égard de vous-mêmes en adorant autre qu'Allah).

Sourate 7 : AL-ARAF

138. Et nous avons fait traverser la Mer aux enfants d'Israël. Ils passèrent auprès d'un peuple attaché à ses idoles et dirent : "Ô Moïse, désigne-nous une divinité semblable à leurs dieux." Il dit : "Vous êtes certes des gens ignorants.

Sourate 5 : AL-MA-IDAH (LA TABLE SERVIE)

18. Les Juifs et les Chrétiens ont dit : "Nous sommes les fils d'Allah et Ses préférés." Dis : "Pourquoi donc vous châtie-t-Il pour vos péchés ? " En fait, vous êtes des êtres humains d'entre ceux qu'Il a créés. Il pardonne à qui Il veut et Il châtie qui Il veut.

Sourate 9 : AT-TAWBAH (LE DÉSAVEU ou LE REPENTIR)

30. Les Juifs disent : "Uzayr est fils d'Allah".

Les érudits musulmans considèrent Uzayr, un prophète, parmi les Enfnts d'Israël, mentionné dans le verset suivant et le village : Jérusalem:

Sourate 2 : Al-BAQARAH (LA VACHE)

259. Ou comme celui qui passait par un village désert et dévasté : "Comment Allah va-t-Il redonner la vie à celui-ci après sa mort ? " dit-il. Allah donc le fit mourir et le garda ainsi pendant cent ans. Puis Il le ressuscita en disant : "Combien de temps as-tu demeuré ainsi ? " "Je suis resté un jour, dit l'autre, ou une partie de la journée."

"Non ! dit Allah, tu es resté cent ans. Regarde donc ta nourriture et ta boisson : rien ne s'est gâté; et regarde ton âne... Et pour faire de toi un signe pour les gens, et regarde ces ossements, comment Nous les assemblons et les revêtons de chair". Et devant l'évidence, il dit : "Je sais qu'Allah est Omnipotent".

e – Semer les désordres.

Sourate 5 : AL-MA-IDAH (LA TABLE SERVIE)

64.Toutes les fois qu'ils allument un feu pour la guerre, Allah l'éteint. Et ils s'efforcent de semer le désordre sur la terre, alors qu'Allah n'aime pas les semeurs de désordre.

f - Jalousie, envie et manque d'amour pour le bien pour les croyants.

Sourate 3 : AAL-IMRAN (LA FAMILLE D'IMRAN)

120. Qu'un bien vous touche, ils s'en affligent. Qu'un mal vous atteigne, ils s'en réjouissent.

Sourate 2 : Al-BAQARAH (LA VACHE)

109. Nombre de gens du Livre aimeraient par jalousie de leur part, pouvoir vous rendre mécréants après que vous ayez cru.

g - Violation des alliances et des pacte.

Sourate 2 : Al-BAQARAH (LA VACHE)

83. Et [rappelle-toi], lorsque Nous avons pris l'engagement des enfants d'Israël de n'adorer qu'Allah, de faire le bien envers les pères, les mères, les proches parents, les orphelins et les nécessiteux, d'avoir de bonnes paroles avec les gens; d'accomplir régulièrement la Salat (la prière) et d'acquitter le Zakat (l'aumône)! Mais à l'exception d'un petit nombre de vous, vous manquiez à vos engagements en vous détournant de Nos commandements.

Sourate 2 : Al-BAQARAH (LA VACHE)

100. Faudrait-il chaque fois qu'ils concluent un pacte, qu'une partie d'entre eux le dénonce? C'est que plutôt la plupart d'entre eux ne sont pas croyants.

Sourate 5 : AL-MA-IDAH (LA TABLE SERVIE)

13. Et puis, à cause de leur violation de l'engagement, Nous les avons maudits et endurci leurs cœurs: ils détournent les paroles de leur sens et oublient une partie de ce qui leur a été rappelé

h - Moquerie de la religion et de ses rituels.

Sourate 5 : AL-MA-IDAH (LA TABLE SERVIE)

57. ô les croyants! N'adoptez pas pour alliés ceux qui prennent en raillerie et jeu votre religion, parmi ceux à qui le Livre fut donné avant vous et parmi les mécréants.

i – Manger de l'usure et de l'argent illicite.

Sourate 5 : AL-MA-IDAH (LA TABLE SERVIE)

62. Et tu verras beaucoup d'entre eux se précipiter vers le péché et l'iniquité, et manger des gains illicites. Comme est donc mauvais ce qu'ils œuvrent.

Sourate 4 : AN-NISA' (LES FEMMES)

161. et à cause de ce qu'ils prennent des intérêts usuraires - qui leur étaient pourtant interdits - et parce qu'ils mangent illégalement les biens des gens.

j - Dureté du cœur.

Sourate 5 : AL-MA-IDAH (LA TABLE SERVIE)

13. Et puis, à cause de leur violation de l'engagement, Nous les avons maudits et endurci leurs cœurs.

Sourate 2 : Al-BAQARAH (LA VACHE)

74. Puis, et en dépit de tout cela , vos cœurs se sont endurcis; ils sont devenus comme des pierres ou même plus durs encore; car il y a des pierres d'où jaillissent les ruisseaux, d'autres se fendent pour qu'en surgisse l'eau, d'autres s'affaissent par crainte d'Allah. Et Allah n'est certainement jamais inattentif à ce que vous faites.

k. - Lâcheté et amour du monde ici-bas.

Sourate 2 : Al-BAQARAH (LA VACHE)

96. Et certes tu les trouveras les plus attachés à la vie [d'ici-bas], pire en cela que les Associateurs . Tel d'entre eux aimerait vivre mille ans.

Sourate 5 : AL-MA-IDAH (LA TABLE SERVIE)

22. Ils dirent : "Ô Moïse, il y a là un peuple de géants. Jamais nous n'y entrerons (en Terre Promise) jusqu'à ce qu'ils en sortent. S'ils en sortent, alors nous y entrerons".

24. Ils dirent : "Moïse ! Nous n'y entrerons jamais, aussi longtemps qu'ils y seront. Va donc, toi et ton Seigneur, et combattez tous deux. Nous restons là où nous sommes".

Sourate 59 : AL-HACHR (L'EXODE)

14. Tous ne vous combattront que retranchés dans des cités fortifiées ou de dernière des murailles.

l .Leur unité est extérieure et leur réalité est différente.

Sourate 59 : AL-HACHR (L'EXODE)

14. Leurs dissensions internes sont extrêmes. Tu les croirait unis, alors que leurs cœurs sont divisés.

m – Avilissement et misère.

Sourate 2 : Al-BAQARAH (LA VACHE)

61. L'avilissement et la misère s'abattirent sur eux; ils encoururent la colère d'Allah.

Sourate 3 : AAL-IMRAN (LA FAMILLE D'IMRAN)

112. Où qu'ils se trouvent, ils sont frappés d'avilissement, à moins d'un secours providentiel d'Allah ou d'un pacte conclu avec les hommes,. Ils ont encouru la colère d'Allah, et les voilà frappés de malheur, pour n'avoir pas cru aux signes d'Allah, et assassiné injustement les prophètes, et aussi pour avoir désobéi et transgressé.

Quatrièmement : Allah (Louange à Lui) a fait référence à deux étapes de l'élévation des Enfants d'Israël accompagnées d'une grande corruption:

Sourate 17 : AL-ISRA (LE VOYAGE NOCTURNE)

4. Nous avions décrété pour les Enfants d'Israël, (et annoncé) dans le Livre : "Par deux fois vous sèmerez la corruption sur terre et vous allez transgresser d'une façon excessive".

Cinquièmement : Supériorité temporelle sur les Croyants:

Allah (Louange à Lui) a déclaré que le mal arrivera aux croyants à cause du complot et de la supériorité des Juifs, mais c'est un dommage accidentel qui prendra fin avec l'engagement des croyants envers leur religion et l'accomplissement de la promesse d'Allah (Louange à Lui) de la victoire:

Sourate 3 : AAL-IMRAN (LA FAMILLE D'IMRAN)

Et Il s'est adressé aux Enfants d'Israël, leur disant ce que les croyants leur font :

Sourate 17 : AL-ISRA (LE VOYAGE NOCTURNE)

7. Puis, quand vint la dernière [prédiction,] ce fut pour qu'ils affligent vos visages et entrent dans la Mosquée (de Jérusalem) comme ils y étaient entrés la première fois, et pour qu'ils détruisent complètement ce dont ils se sont emparés.

I.3 Histoire des Enfants d'Abraham (Paix sur Lui)

I.3.1 L'histoire d'Ismaël (Paix sur Lui)

Abraham, (Paix sur Lui), est le père commun des Juifs et de certains Arabes dont le Prophète Mouhammad (Paix et bénédictions sur Lui) . Abraham (Paix sur Lui) est né à Ur-Casdim en Irak (entre 1850 et 2324 AJC) et meurt au pays de Canaan à 175 ans. Il épousa Sarah (une proche à lui), et elle était stérile . Lui et sa femme Sara et son neveu Lot (Paix sur Lui) partent au pays de Canaan.

Lorsque Abraham (Paix sur Lui) arriva à Jérusalem et qu'il y resta dix ans, Sara lui dit : " L'Eternel m'a défendu d'avoir un enfant, alors prends pour épouse ma servante Agar, (l'Egyptienne), afin que Dieu nous bénisse d'un fils". Lorsqu'elle la lui donna, Abraham (Paix soit sur Lui), entra avec elle, et elle conçut et enfanta Ismaël (Paix sur Lui). Abraham (Paix sur Lui) avait alors quatre-vingt-six ans.

Alors Dieu (Louange à Lui) révéla à Abraham (Paix sur Lui) de lui annoncer Isaac (Paix sur Lui) de Sarah, il s'est prosterné à Dieu (Louange à Lui), et Isaac (Paix sur Lui) lui naquit treize ans après Ismaël (Paix sur Lui), comme il est mentionné dans le Saint Coran :

Sourate 14 : IBRAHIM (ABRAHAM)

39. Louange à Allah, qui en dépit de ma vieillesse, m'a donné Ismaël et Isaac. Certes, mon Seigneur entend bien les prières.

 Abraham (Paix sur Lui) a ensuite quitté le pays de Canaan avec son fils Ismaël (Paix sur Lui) pour s'installer dans une vallée inculte sur le site de la Maison Sacrée dans ce qui était connu sous le nom de la Kaaba, suite au commandement de Dieu

(Louange à Lui). Il dirigea son visage vers la Maison Sacrée, puis il invoqua avec ces paroles, leva les mains et dit :

Sourate 14 : IBRAHIM (ABRAHAM)

37. ô notre Seigneur, j'ai établi une partie de ma descendance dans une vallée sans agriculture, près de Ta Maison Sacrée [la Kaaba], - ô notre Seigneur - afin qu'ils accomplissent la Salat (la prière). Fais donc que se penchent vers eux les cœurs d'une partie des gens. Et nourris-les de fruits. Peut-être seront-ils reconnaissants?

Et la mère d'Ismaël (Paix sur Eux) commença à allaiter son fils et à boire de l'eau qu'elle avait jusqu'à ce qu'il y avait dans l'outre fut épuisée. Elle eut soif, et son fils également, et elle commença à le regarder se tortiller. Elle était profondément triste à le regarder, alors elle monta Al-Safa, la colline la plus proche à côté d'elle, puis fit face à la vallée, regardant si elle voyait quelqu'un, mais elle ne vit personne, alors elle descendit de Al-Safa jusqu'à ce qu'elle atteigne la vallée. Puis elle courut avec effort jusqu'à traverser la vallée, puis elle arriva à Al-Marwah une autre colline. Alors elle se leva et regarda pour voir, mais elle n'a vu personne, alors elle a fait cela sept fois. (Un rituel important pratiqué encore par les pèlerins pour parfaire leur pèlerinage).

Lorsqu'elle s'est approchée d'Al-Marwah, elle a entendu une voix. Elle a vu l'ange à la place de Zamzam (puit intarissable en eau bénite). L'ange a frappé avec son aile jusqu'à ce que l'eau apparaisse.

Une troupe de Jurhum[6] passa près d'eux. Ils descendirent au sud de la Mecque, et ils virent un oiseau, et ils dirent : "Cet oiseau est en train de chercher de l'eau, car nous savons que cette vallée ne contient pas de l'eau". Alors ils envoyèrent un ou deux éclaireurs, et ils ont aperçu l'eau, ils revinrent, et ils leur parlèrent de l'eau. La mère d'Ismaël (Paix sur Eux) était près de l'eau, et ils dirent: " Permets-tu que nous descendions chez toi ?" Elle dit : " Oui, mais vous n'avez pas le droit sur l'eau". Ils ont dit : " D'accord" .

Ibn 'Abbas (Un compagnon du Prophète) a dit : " Le Prophète (Paix et bénédictions sur Lui) a dit : " C'est ainsi que la mère d'Ismaël (Paix sur Eux) a accepté cela, car elle aime les gens". Ils descendirent donc et envoyèrent des messages à leurs familles pour s'installer avec eux.

---

[6] Jurhum est une tribu yéménite.

Ismaël (Paix sur Lui) a grandi et a appris l'arabe, la langue de cette tribu. Ils étaient très contents de Lui. Ils l'ont marié avec une femme de leur tribu.

Le Prophète Mouhammad (Paix et bénédictions sur Lui) est descendant d'Ismaël (Paix sur Lui).

La mère d'Ismaël (Paix sur Eux) est morte. Abraham (Paix sur Lui) est venu voir son fils après qu'il s'ait marié. Abraham (Paix sur Lui) dit: " Ô Ismaël, Allah m'a ordonné de bâtir ici une Maison". Ismaël (Paix sur Lui) a accepté de travailler avec son père. Il était chargé de lui remettre des pierres, et ils disent ensemble comme mentionné dans la sourate suivante:

Sourate 2 : Al-BAQARAH (LA VACHE)

127. Et quand Abraham et Ismaël élevaient les assises de la Maison (la Kaaba) : "Ô notre Seigneur, accepte ceci de notre part! Car c'est Toi l'Audient, l'Omniscient.

Ensuite Dieu (Louange à Lui) fait à Abraham (Paix sur Lui) une très bonne annonce.

Sourate 37 : SAFFAT (Les RANGÉES)

112. Nous lui fîmes la bonne annonce d'Isaac comme prophète d'entre les gens vertueux.

113. Et Nous le bénîmes ainsi que Isaac. Parmi leurs descendances il y a [l'homme] de bien et celui qui est manifestement injuste envers lui-même.

I.3.2 L'histoire des fils d'Isaac (Paix soit sur Lui)

Isaac (Paix sur Lui) prophète et fils d'Abraham (Paix sur Lui) a eu un fils Jacob (Paix sur Lui).

a. Jacob (Paix sur Lui) est le père des Enfants d'Israël.

Jacob a été appelé Israël par Dieu. Ce nom Israël est mentionné dans la Bible et dans le Saint Coran.

Sourate 3 : AAL-IMRAN (LA FAMILLE D'IMRAN)

93. Toute nourriture était licite aux enfants d'Israël , sauf celle qu'Israël (Jacob) lui-même s'interdit avant que ne descendit la Thora. Dis[-leur]: "Apportez la Thora et lisez-la, si ce que vous dites est vrai ! "

En fat Jacob (Paix sur Lui) était très malade, il a fait un vœu à Dieu (Louange à Lui) s'il est guérit il ne va pas manger la viande de chamelle et ni boire son lait, deux nourritures qu'il préférait.

L'histoire de Joseph (Paix sur Lui) fils de Jacob (Paix sur Lui) qu'Allah (Louange à Lui) a détaillée dans le Saint Coran dans une sourate nommée en son nom. Cette sourate a détaillé une grande partie de l'histoire de Joseph (Paix sur Lui) avec sa famille.

L'un des résultats de cette histoire fut que Joseph (Paix sur Lui) devint le ministre du Trésor d'Egypte, après que ses frères l'ont vendu à des commerçants égyptiens. Long temps après il amena sa famille en Egypte.

Par conséquent, l'histoire des Enfants d'Israël, s'est déplacée du pays de Canaan vers l'Egypte. Ils se sont installés en Egypte, et ils y ont possédé des biens, et ils ont été très féconds et se sont multipliés, comme mentionné dans les livres de la Genèse (47 : 27) et de l'Exode (1 : 7).[7]

Genèse

[27] Israël habita dans le pays d'Egypte, dans le pays de Gosen[8]. Ils eurent des possessions, ils furent féconds et multiplièrent beaucoup. [28] Jacob vécut dix-sept ans dans le pays d'Egypte ; et les jours des années de la vie de Jacob furent de cent quarante-sept ans.

Exode

[1] Voici les noms des fils d'Israël, venus en Egypte avec Jacob et la famille de chacun d'eux : [2] Ruben, Siméon, Lévi, Juda, [3] Issacar, Zabulon, Benjamin, [4] Dan, Nephthali, Gad et Aser. [5] Les personnes issues de Jacob étaient au nombre de soixante-dix en tout. Joseph était alors en Egypte. [6] Joseph mourut, ainsi que tous ses frères et toute cette génération-là. [7] Les enfants d'Israël furent féconds et multiplièrent, ils s'accrurent et devinrent de plus en plus puissants. Et le pays en fut rempli.

---

[7] Louis Second. La Saint Bible 1910
[8] Gosen ou Goshen est selon la Bible une région de l'Égypte où les Hébreux ont résidé pendant leur séjour en Égypte et où ils demeurèrent jusqu'à leur sortie d'Égypte. Dans la Bible, Goshen désigne vraisemblablement une région de Basse-Égypte, à l'est du delta du Nil, entre l'isthme de Suez et le bras du Nil. Lorsque Jacob (Paix sur Lui) se réfugie en Égypte pour fuir la famine en Canaan, il s'installe en terre de Goshen. Les Hébreux y habitaient encore lors de l'Exode.

b. Et ceux d'entre eux accomplirent leur alliance avec Allah (Louange à Lui). Le Tout-Puissant dit :

Sourate 2 : Al-BAQARAH (LA VACHE)

130. Qui donc aura en aversion la religion d'Abraham, sinon celui qui sème son âme dans la sottise? Car très certainement Nous l'avons choisi en ce monde; et, dans l'au-delà, il est certes du nombre des gens de bien.

131. Quand son Seigneur lui avait dit : "Soumets-toi", il dit : "Je me soumets au Seigneur de l'Univers".

132. Et c'est ce que Abraham recommanda à ses fils, de même que Jacob : "ô mes fils, certes Allah vous a choisi la religion : ne mourrez point, donc , autrement qu'en Soumis"! (à Allah) .

Parmi ceux qui ont accepté le message, il y avait Joseph (Paix sur Lui) qui portait le message de l'appel à la vraie religion sur la terre d'Egypte. Même en prison, lorsqu'il était emprisonné, il disait aux prisonniers » :

Sourate 12 : YOUSOUF (JOSEPH)

39. ô mes deux compagnons de prison! Qui est le meilleur : des Seigneurs éparpillés ou Allah, l'Unique, le Dominateur suprême ?

Et c'est pourquoi le Saint Coran le mentionne comme disant:

Sourate 12 : YOUSOUF (JOSEPH)

101. ô mon Seigneur, Tu m'as donné du pouvoir et m'as enseigné l'interprétation des rêves. [C'est Toi Le] Créateur des cieux et de la terre, Tu es mon patron, ici-bas et dans l'au-delà. Fais-moi mourir en parfaite soumission et fait moi rejoindre les vertueux.

Au fil du temps, beaucoup d'Enfants d'Israël se sont égarés de la vérité et de la vraie religion, et en raison de leur éloignement de la religion d'Allah (Louange à Lui), le mérite leur a été enlevé, par contre ils ont mérité la malédiction d'Allah, le Tout-Puissant.

Sourate 3 : AAL-IMRAN (LA FAMILLE D'IMRAN)

112. Où qu'ils se trouvent, ils sont frappés d'avilissement, à moins d'un secours providentiel d'Allah ou d'un pacte conclu avec les hommes,. Ils ont encouru la colère d'Allah, et les voilà frappés de malheur, pour n'avoir pas cru aux signes d'Allah, et assassiné injustement les prophètes, et aussi pour avoir désobéi et transgressé.

Chaque fois que l'appel d'un messager est rompu, Allah, (Louange à Lui) envoie quelqu'un d'autre, jusqu''à ce qu'ils soient scellés avec le Prophète Mouhammad (Paix et bénédictions sur Lui) afin que son Message soit éternel jusqu'au Jour du Jugement.

Alors Dieu (Louange à Lui) a envoyé Moïse (Paix sur Lui) pour les ramener sur le droit chemin pour adorer Dieu Tout-Puissant, et pour exécuter Ses ordres, y compris en les faisant entrer en Palestine.

D'autant plus qu'il y avait un régime païen, tyrannique et pharaonique sur la terre d'Égypte, qui n'acceptait pas la présence d'une personne qui disait : Il n'y a de dieu que Dieu. Et c'était là la véritable hostilité des pharaons envers les Israélites

c. La fuite de Moïse (Paix sur Lui) avec son peuple d'Egypte, et l'anéantissement de Pharaon et son armée dans la mer

Le lecteur du Saint Coran qui aborde l'histoire de Moïse (Paix sur Lui) avec Pharaon sait que Dieu (Tout-Puissant) n'a pas détruit Pharaon et ceux qui étaient avec sans qu'Il ait établi des arguments contre eux, en leur envoyant Son Messager, mais ils n'ont pas cru et ne se sont pas repentis et ont continué à induire en erreur, ignorance et arrogance envers les versets de Dieu Tout-Puissant et la croyance de Son Messager (Paix sur Lui).

Dieu (Exalté soit-Il) a ordonné à Son Messager Moïse (Paix sur Lui) de faire sortir d'Egypte ceux qui étaient avec lui parmi les Enfants d'Israël. Moïse (Paix sur Lui) et ceux qui étaient avec lui sortirent secrètement par une nuit obscure.

Quand ils sont sortis de l'Egypte, ils ont apporté avec eux les os de Joseph (Paix sur Lui), en accomplissement d'une alliance qu'ils s'étaient faite à eux-mêmes .

Après cela, Pharaon a appris la sortie des Enfants d'Israël conduits par Moïse (Paix sur Lui) alors il les a suivis avec ses soldats jusqu'à ce que les enfants d'Israël apparaissent sur la côte de la mer, alors Dieu (Tout-Puissant) a ordonné à Moïse (Paix sur Lui) de frapper la mer avec son bâton, et un miracle s'est produit: Moïse (Paix sur Lui) et ses disciples ont marché sur la terre ferme. Pharaon et ses soldats ont voulu les poursuivre mais les vagues de la mer sont retournées contre eux et ils se sont tous noyés.

Le sauvetage de Moïse (Paix sur Lui) et de ceux qui étaient avec lui, et l'anéantissement de Pharaon et de ceux qui étaient avec lui, c'était le dixième jour

(*Achoura*) du mois de *Mouharram*[9], .

C'est pourquoi les Juifs, à Médine, jeûnaient ce jour-là, et le Messager d'Allah (Paix et bénédictions sur Lui) a ordonné aux musulmans de jeûner ce jour-là et de jeûner la veille ou le lendemain, contrairement aux Juifs qui jeûnent ce jour-là seulement. Comme dans le hadith d'Ibn 'Abbas (qu'Allah l'agrée) selon al-Boukhari et Mouslim, il a dit: "Le Prophète (Paix et bénédictions sur Lui) est venu à Médine et a vu les Juifs jeûner le jour de *l'Achoura*. Ils dirent : " C'est un bon jour, c'est un jour où Dieu a délivré les Enfants d'Israël de leur ennemi, et Moïse l'a jeûné". Il dit: " Je suis plus proche de Moïse que vous". Il le jeûna et ordonna de jeûner.

Après que Dieu eut sauvé Moïse (Paix sur Lui) et son peuple de Pharaon et de son armée, leur voyage, vers la terre de Canaan, commença. Au cours du voyage, certains événements ont eu lieu entre Moïse (Paix sur Lui) et son peuple, indiquant que certains des Enfants d'Israël sont des gens désobéissants, qui ont continué à violer la loi de Dieu (le Tout-Puissant) et à ne pas Lui obéir.

d. L'Exode d'Israël hors d'Égypte.

Cet Exode est un récit biblique selon lequel les Enfants d'Israël ,réduits en esclavage par l'Égypte, s'en émancipent pour revenir, sous la conduite de Moïse et son frère Aaron (Paix sur Eux), dans le pays de Canaan et en prendre possession en vertu de la promesse divine faite à leurs ancêtres.

La sortie d'Égypte et la longue traversée du désert qui y fait suite sont dans la Thora , c'est-à-dire les cinq livres de Moise qui composent le Pentateuque (Genèse, Exode, Lévitique, Nombres, Deutéronome).

Ce récit est considéré comme l'un des événements fondateurs du judaïsme et du christianisme avec le don de Dieu (Louange à Lui) la Torah à Moise (Paix sur Lui) sur le mont Sinaï.

e. La mort d'Aaron (Paix sur Lui):

Aaron (Paix sur Lui) est mort avant Moïse (Paix sur Lui) et sa mort n'a pas été mentionnée dans le Saint Coran ni dans *la Sunna*[10] du Prophète (Paix et bénédictions

---

[9] *Mouharram* est le premier mois du calendrier musulman.

[10] La *Sounna* est la Tradition orale et écrite du Prophète Mouhammad (Paix et bénédictions sur Lui). Au pluriel *Sounan*.

sur Lui), mais dans les livres de l'Ancien Testament *LES NOMBRES (33 : 38-39)* :

³⁸ Le sacrificateur Aaron monta sur la montagne de Hor, suivant l'ordre de l'Eternel ; et il y mourut, la quarantième année après la sortie des enfants d'Israël du pays d'Egypte, le cinquième mois, le premier jour du mois. ³⁹ Aaron était âgé de cent vingt-trois ans lorsqu'il mourut sur la montagne de Hor.

f. La mort de Moïse (Paix sur Lui):

Moïse (Paix sur Lui) est mort après Aaron (Paix sur Lui) et n'est pas entré la Terre Sainte avec les Enfants d'Israël, il est mort avant cela.

g. Allah envoya Jésus (Paix sur Lui) pour les Enfants d'Israël :

Plusieurs prophètes se sont succéder pour les Enfants d'Israël pour les exhorter à obéir Dieu (Louange à Lui) mais sans succès.

Il envoya à la fin Jésus (Paix sur Lui) pour eux, mais ils ont fini par vouloir le tuer et avant à sa naissance ils ont calomnié Sa Mère et l'ont traitée par des mauvais termes.

Dieu (Louange à Lui) a défendu la Sainte Marie dans le Saint Coran et on ne trouve cette défense nulle part dans l'Evangile. D'autre part le seul nom féminin dans le Saint Coran est celui de la Sainte Marie avec un titre de chapitre coranique.

Sourate 2 : Al-BAQARAH (LA VACHE)

87. Certes, Nous avons donné le Livre à Moïse; Nous avons envoyé après lui des prophètes successifs. Et Nous avons donné des preuves à Jésus fils de Marie, et Nous l'avons renforcé du Saint-Esprit. Est-ce qu'à chaque fois, qu'un Messager vous apportait des vérités contraires à vos souhaits vous vous enfliez d'orgueil? Vous traitiez les uns d'imposteurs et vous tuiez les autres .

Au lieu de corriger leurs erreurs et leurs déviations, et d'arrêter leur malveillance et leur falsification en vers les prophètes, les Enfants d'Israël ont décidé de tuer unanimement Jésus, (Paix sur Lui). Mais Dieu Tout-Puissant l'a sauvé d'eux, et dit:

Sourate 4 : AN-NISA' (LES FEMMES)

155. (Nous les avons maudits) à cause de leur rupture de l'engagement, leur mécréance aux révélations d'Allah, leur meurtre injustifié des prophètes, et leur parole: "Nos cœurs sont (enveloppés) et imperméables". Et réalité, c'est Allah qui a scellé leurs cœurs à cause de leur mécréance, car ils ne croyaient que très peu .

156. Et à cause de leur mécréance et de l'énorme calomnie qu'ils prononcent contre Marie.

157. et à cause de leur parole : "Nous avons vraiment tué le Christ, Jésus, fils de Marie, le Messager d'Allah". Or, ils ne l'ont ni tué ni crucifié; mais ce n'était qu'un faux semblant ! Et ceux qui ont discuté sur son sujet sont vraiment dans l'incertitude: ils n'en ont aucune connaissance certaine, ils ne font que suivre des conjectures et ils ne l'ont certainement pas tué .

158. mais Allah l'a élevé vers Lui. Et Allah est Puissant et Sage.

159. Il n'y aura personne, parmi les gens du Livre, qui n'aura pas foi en lui avant sa mort. Et au Jour de la Résurrection, il sera témoin contre eux.

Jésus (Paix sur Lui) confirme qu'il ne sera pas mort crucifié sur la Croix et cite l'exemple de Jonas (Paix sur Lui) qu'il était vivant dans le ventre du grand poisson.

Car, dit-t-il, *de même que Jonas fut trois jours et trois nuits dans le ventre d'un grand poisson*(vivant), *de même le Fils de l'homme sera trois jours et trois nuits dans le sein de la terre*(vivant) .*Matthieu 12-40.*

Ils n'étaient pas satisfaits de ce qu'ils ont fait à Jésus,(Paix sur Lui) , dans sa vie, et ont accusé avant sa mère Marie, (Paix sur Elle), d'énorme calomnie.

Sourate 19 : MARYAM (MARIE)

16. Mentionne, dans le Livre (le Coran), Marie, quand elle se retira de sa famille en un lieu vers l'Orient.

17. Elle mit entre elle et eux un voile. Nous lui envoyâmes Notre Esprit (Gabriel), qui se présenta à elle sous la forme d'un homme parfait.

18. Elle dit : "Je me réfugie contre toi auprès du Tout Miséricordieux. Si tu es pieux, [ne m'approche point].

19. Il dit : "Je suis en fait un Messager de ton Seigneur pour te faire don d'un fils pur".

20. Elle dit : "Comment aurais-je un fils, quand aucun homme ne m'a touchée, et je ne suis pas prostituée ? "

21. Il dit : "Ainsi sera-t-il ! Cela M'est facile, a dit ton Seigneur ! Et Nous ferons de lui un signe pour les gens, et une miséricorde de Notre part. C'est une affaire déjà décidée".

22. Elle devient donc enceinte [de l'enfant], et elle se retira avec lui en un lieu éloigné.

23. Puis les douleurs de l'enfantement l'amenèrent au tronc du palmier, et elle dit : "Malheur à moi ! Que je fusse morte avant cet instant ! Et que je fusse totalement oubliée ! "

24. Alors, il l'appela d'au-dessous d'elle , [lui disant :] "Ne t'afflige pas. Ton Seigneur a placé à tes pieds une source.

25. Secoue vers toi le tronc du palmier : il fera tomber sur toi des dattes fraîches et mûres.

26. Mange donc et bois et que ton œil se réjouisse ! Si tu vois quelqu'un d'entre les humains, dis [lui :]

"Assurément, j'ai voué un jeûne au Tout Miséricordieux : je ne parlerai donc aujourd'hui à aucun être humain".

27. Puis elle vint auprès des siens en le portant [le bébé]. Ils dirent : "ô Marie, tu as fait une chose monstrueuse !

28. Sœur de Haroun , ton père n'était pas un homme de mal et ta mère n'était pas une prostituée".

29. Elle fit alors un signe vers lui [le bébé]. Ils dirent : "Comment parlerions-nous à un bébé au berceau ? "

30. Mais [le bébé] dit : "Je suis vraiment le serviteur d'Allah. Il m'a donné le Livre et m'a désigné Prophète.

31. Où que je sois, Il m'a rendu béni; et Il m'a recommandé, tant que je vivrai, la prière et la Zakat ;

32. et la bonté envers ma mère. Il ne m'a fait ni violent ni malheureux.

33. Et que la paix soit sur moi le jour où je naquis, le jour où je mourrai, et le jour où je serai ressuscité vivant".

34. Tel est Issa (Jésus), fils de Marie : parole de vérité, dont ils doutent.

35. Il ne convient pas à Allah de S'attribuer un fils. Gloire et Pureté à Lui ! Quand Il décide d'une chose, Il dit seulement : "Soi ! " et elle est.

Comme nous avons vu avec l'histoire de la vieille femme de Khaybar (dans l'Introduction) qui voulait empoisonner le Prophète Mouhammad (Paix et bénédiction sur Lui) pour voir s'il était un vrai prophète ils n'ont pas cru, idem avec Jésus (Paix sur Lui).

Les Enfants d'Israël ont continué dans cette situation jusqu'à l'arrivée du Prophète Mouhammad (Paix et bénédictions sur Lui). Ils étaient avant Sa mission raconter à ceux qui ne croyaient pas (les gens de Médine), et de leur dire qu''il sortirait un prophète parmi eux, et qu''ils se battraient avec ce prophète. Quand le Prophète est apparu, ils l' ont démenti, l'ont blessé, se sont moqués de lui, l'ont ensorcelé, et ils tentaient de le tuer, et ils ont dressé les polythéistes contre lui.

I.4 Mentir et désobéir à Allah (Gloire à Lui).

Nous citons les mensonges, des Enfants d'Israël, et leurs désobéissances à Dieu (Gloire à Lui) dans la Torah.

I.4.1 Leur affirmation selon laquelle Aaron (Paix sur Lui) a fabriqué le veau .

Dans Exode chapitre trente-deux:

²¹ Moïse dit à Aaron : Que t'a fait ce peuple, pour que tu l'aies laissé commettre un si grand péché ? ²² Aaron répondit : Que la colère de mon seigneur ne s'enflamme point ! Tu sais toi-même que ce peuple est porté au mal. ²³ Ils m'ont dit : Fais-nous un dieu qui marche devant nous ; car ce Moïse, cet homme qui nous a fait sortir du pays d'Egypte, nous ne savons ce qu'il est devenu. ²⁴ Je leur ai dit : Que ceux qui ont de l'or, s'en dépouillent ! Et ils me l'ont donné ; je l'ai jeté au feu, et il en est sorti ce veau.

Ils ont donc désobéi à Dieu (Louange à Lui) dès le début de leur sortie d'Egypte en voulant prendre un veau fabriqué comme divinité.

D'autre part ce n'est pas Aaron qui a créé le veau, mais le Samaritain (*al Samiri* dans le Saint Coran). C'est ce que Dieu (Gloire à Lui) a dit dans le Saint Coran.

Sourate 20 : TA-HA

86. Moïse retourna donc vers son peuple, courroucé et chagriné; il dit : "Ô mon peuple, votre Seigneur ne vous a-t-Il pas déjà fait une belle promesse ? L'alliance a-t-elle donc été trop longue pour vous? Ou avez-vous désiré que la colère de votre Seigneur s'abatte sur vous, pour avoir trahi votre engagement envers moi? "

87. Ils dirent: "Ce n'est pas de notre propre gré que nous avons manqué à notre engagement envers toi. Mais nous fûmes chargés de fardeaux d'ornements du peuple (de Pharaon); nous les avons donc jetés (sur le feu) tout comme le Samaritain les a lancés.

88. Puis il en a fait sortir pour eux un veau, un corps à mugissement. Et ils ont dit: "C'est votre divinité et la divinité de Moïse; il a donc oublié"!

C'est la preuve, pour les musulmans, que la Torah entre nos mains est modifiée par les humains parce que Dieu (Gloire à Lui) ne se contredit pas.

Sourate 4 : AN-NISA' (LES FEMMES)

82. Ne méditent-ils donc pas sur le Coran? S'il provenait d'un autre qu'Allah, ils y trouveraient certes maintes contradictions !

Sourate 3 : AAL-IMRAN (LA FAMILLE D'IMRAN)

3. Il a fait descendre sur toi le Livre avec la vérité, confirmant les Livres descendus avant lui . Et Il fit descendre la Thora et l'Evangile.

5. Rien, vraiment, ne se cache d'Allah de ce qui existe sur la terre ou dans le ciel..

69. Une partie des gens du Livre aurait bien voulu vous égarer. Or ils n'égarent qu'eux-mêmes; et ils n'en sont pas conscients.

71. ô gens du Livre, pourquoi mêlez-vous le faux au vrai et cachez-vous sciemment la vérité ?

75. Et parmi les gens du Livre, il y en a qui, si tu lui confies un qintar (quintal), te le rend. Mais il y en a aussi qui, si tu lui confies un dinar, ne te le rendra que si tu l'y contrains sans relâche. Tout cela parce qu'ils disent : "Ces (arabes) qui n'ont pas de livre n'ont aucun chemin pour nous contraindre." Ils profèrent des mensonges contre Allah alors qu'ils savent.

78. Et il y a parmi eux certains qui roulent leur langues en lisant le Livre pour vous faire croire que cela provient du Livre, alors qu'il n'est point du Livre; et ils disent:

"Ceci vient d'Allah", alors qu'il ne vient pas d'Allah. Ils disent sciemment des mensonges contre Allah.

I.4.2 Pourquoi Dieu (Louange à Lui) a-t-il choisi les Enfants d'Israël pour hériter du pays de Canaan?

C'est un sujet important et historique. Le peuple du pays de Canaan, n'adorait pas Dieu (Louange à Lui). Donc Il veut l'hériter aux fils de Jacob pour détruire les Cananéens infidèles et prendre leur terre, mais comme condition, les Enfants d'Israël doivent obéir à Dieu (Louange Lui), Mais s'ils Le désobéissent, Il les tourmentera sévèrement.

La deuxième génération des enfants d'Israël est entrée, en Terre Promise, sous la direction de Josué fils de Nun. Même Moïse (Paix sur Lui) n'y est pas entré en punition pour la désobéissance de son peuple.

Ils vécurent longtemps dans le pays de Canaan, mais dans les années soixante-dix après Jésus-Christ (Paix sur Lui), furent déplacés vers le reste du monde.

Est-il possible que leur retour en Palestine maintenant soit légal?

Dieu (louange à Lui) leur a-t-Il assigné un message religieux nouveau après l'Islam pour venir en Palestine chasser les Palestiniens (musulmans et chrétiens)?

Par contre Il les a fait venir en Terre Sainte en signe de la fin du monde et après qu'ils sont nantis en puissance financière et militaire et ils ont abusé de cette puissance sur les autres.

Sourate 17 : AL-ISRA (LE VOYAGE NOCTURNE)

4. Nous avions décrété pour les Enfants d'Israël, (et annoncé) dans le Livre : "Par deux fois vous sèmerez la corruption sur terre et vous allez transgresser d'une façon excessive".

5. Lorsque vint l'accomplissement de la première de ces deux [prédictions,] Nous envoyâmes contre vous certains de Nos serviteurs doués d'une force terrible, qui pénétrèrent à l'intérieur des demeures. Et la prédiction fut accomplie.

6. Ensuite, Nous vous donnâmes la revanche sur eux; et Nous vous renforçâmes en biens et en enfants. Et Nous vous fîmes [un peuple] plus nombreux :

7. "Si vous faites le bien, vous le faites à vous-mêmes; et si vous faites le mal, vous le faites à vous [aussi]". Puis, quand vint la dernière [prédiction,] ce fut pour qu'ils affligent vos visages et entrent dans la Mosquée comme ils y étaient entrés la première fois, et pour qu'ils détruisent complètement ce dont ils se sont emparés.

104. Et après lui (Pharaon), Nous dîmes aux Enfants d'Israël : "Habitez la terre". Puis, lorsque viendra la promesse de la (vie) dernière, Nous vous ferons venir en foule.

I.4.3 L'alliance de Dieu (Louange à Lui) et leur avertissement pour leur désobéissance à Lui

Il est mentionné dans *Lévitique chapitre vingt-six.*

26 ¹ Vous ne vous ferez point d'idoles, vous ne vous élèverez ni image taillée ni statue, et vous ne placerez dans votre pays aucune pierre ornée de figures, pour vous prosterner devant elle ; car je suis l'Eternel, votre Dieu. ²

¹⁴ Mais si vous ne m'écoutez point et ne mettez point en pratique tous ces commandements, ¹⁵ si vous méprisez mes lois, et si votre âme a en horreur mes ordonnances, en sorte que vous ne pratiquiez point tous mes commandements et que vous rompiez mon alliance, ¹⁶ voici alors ce que je vous ferai. J'enverrai sur vous la terreur, la consomption et la fièvre, qui rendront vos yeux languissants et votre âme souffrante ; et vous sèmerez en vain vos semences: vos ennemis les dévoreront. ¹⁷ Je tournerai ma face contre vous, et vous serez battus devant vos ennemis; ceux qui vous haïssent domineront sur vous, et vous fuirez sans que l'on vous poursuive.

¹⁸ Si, malgré cela, vous ne m'écoutez point, je vous châtierai sept fois plus pour vos péchés. ¹⁹ Je briserai l'orgueil de votre force, je rendrai votre ciel comme du fer, et votre terre comme de l'airain. ²⁰ Votre force s'épuisera inutilement, votre terre ne donnera pas ses produits, et les arbres de la terre ne donneront pas leurs fruits.

²¹ Si vous me résistez et ne voulez point m'écouter, je vous frapperai sept fois plus selon vos péchés. ²² J'enverrai contre vous les animaux des champs, qui vous priveront de vos enfants, qui détruiront votre bétail, et qui vous réduiront à un petit nombre ; et vos chemins seront déserts.

Ce sont les quelques obligations, jugements et lois que le Seigneur (Louange à Lui) a placé entre Lui et les Enfants d'Israël sur le mont Sinaï par la main de Moïse (Paix sur Lui).

C'est l'alliance de Dieu (Gloire à Lui) qui leur est imposée de ne pas Le désobéir, et s'ils désobéissent, la conséquence est désastreuse.

Un châtiment sévère s'ils désobéissent à Lui et Il les expulsera de la Terre Sainte vers l'Egypte pour être à nouveau esclaves.

De point de vue Coranique:

Sourate 5 : AL-MA-IDAH (LA TABLE SERVIE)

13. Et puis, à cause de leur violation de l'engagement, Nous les avons maudits et endurci leurs cœurs : ils détournent les paroles de leur sens et oublient une partie de ce qui leur a été rappelé. Tu ne cesseras de découvrir leur trahison, sauf d'un petit nombre d'entre eux. Pardonne-leur donc et oublie [leurs fautes]. Car Allah aime, certes, les bienfaisants.

I.4.4 L'amour du retour en Egypte et la peur des habitants de la Palestine

Certains Enfants d'Israël aimaient retourner en Egypte parce qu'ils ne pouvaient pas vivre dans la Terre Promise, le pays du lait et du miel, et considéraient leur exode d'Egypte comme une punition et une extermination .

Il est mentionné dans le Saint Coran :

Sourate 2 : Al-BAQARAH (LA VACHE)

61. Et [rappelez-vous], quand vous dîtes : "Ô Moïse, nous ne pouvons plus tolérer une seule nourriture. Prie donc ton Seigneur pour qu'Il nous fasse sortir de la terre ce qu'elle fait pousser, de ses légumes, ses concombres, son ail (ou blé), ses lentilles et ses oignons ! " - Il vous répondit : "Voulez-vous échanger le meilleur pour le moins bon? Allez dans une ville; vous y trouverez certainement ce que vous demandez ! ".

I.4.5 Rechute dans la corruption

Dans *Les Nombres chapitre vingt-cinq:*

25 ¹ Israël demeurait à Sittim¹¹; et le peuple commença à se livrer à la débauche avec les filles de Moab. ² Elles invitèrent le peuple aux sacrifices de leurs dieux ; et le peuple mangea, et se prosterna devant leurs dieux.

³ Israël s'attacha à Baal-Peor, et la colère de l'Eternel s'enflamma contre Israël. ⁴ L'Eternel dit à Moïse : Assemble tous les chefs du peuple, et fais pendre les coupables devant l'Eternel en face du soleil, afin que la colère ardente de l'Eternel se détourne d'Israël. ⁵ Moïse dit aux juges d'Israël :

Que chacun de vous tue ceux de ses gens qui se sont attachés à Baal-Peor.

⁶ Et voici, un homme des enfants d'Israël vint et amena vers ses frères une Madianite, sous les yeux de Moïse et sous les yeux de toute l'assemblée des enfants d'Israël, tandis qu'ils pleuraient à l'entrée de la tente d'assignation.

⁷ A cette vue, Phinées, fils d'Eléazar, fils du sacrificateur Aaron, se leva du milieu de l'assemblée, et prit une lance, dans sa main. ⁸ Il suivit l'homme d'Israël dans sa tente, et il les perça tous les deux, l'homme d'Israël, puis la femme, par le bas-ventre. Et la plaie s'arrêta parmi les enfants d'Israël. ⁹ Il y en eut vingt-quatre mille qui moururent de la plaie.

Et ils revinrent avec leur infidélité et tout cela est mentionné dans la Bible.

I.5 Le mythe de l'emblème de "ta terre, ô Israël, de l'Euphrate au Nil"

Dans *Genèse chapitre quinze:*

¹⁸ En ce jour-là, l'Eternel fit alliance avec Abram, et dit : Je donne ce pays à ta postérité, depuis le fleuve d'Egypte jusqu'au grand fleuve, au fleuve d'Euphrate,

¹⁹ le pays des Kéniens, des Keniziens, des Kadmoniens, ²⁰ des Héthiens, des Phéréziens, des Rephaïm, ²¹ des Amoréens, des Cananéens, des Guirgasiens et des Jébusiens.

C'est une traduction fausse et trompeuse. Notez ici que le texte hébreu original utilise une formule de la rivière Misrim (pas de la rivière Misraïm). Il utilise également une phrase (jusqu'à la grande rivière). Et il ne dit pas (l'Euphrate). L'ajout (l'Euphrate) est un ajout tardif qui n'a pas été trouvé dans l'ancien texte de la Torah. Le Saint Coran ne mentionne pas cet événement .

---

¹¹ Dernier campement des Israélites, à l'est du Jourdain, sur la rive opposée à Jéricho ; c'est là que les Israélites commencèrent à se livrer à la débauche avec les Moabites.

Au chapitre dix-sept de la Genèse, le Seigneur promet à Abraham le pays de Canaan, et voici ce qui est arrivé. La terre de Canaan est un terme ancien qui fait actuellement référence à la Palestine, au Liban, à la Jordanie et à la Syrie, et la terre de Canaan est le nom de la Palestine avant l'arrivée des Hébreux sous la direction d'Abraham (Paix sur Lui).

Genèse

⁵ On ne t'appellera plus Abram; mais ton nom sera Abraham, car je te rends père d'une multitude de nations.

⁶ Je te rendrai fécond à l'infini, je ferai de toi des nations; et des rois sortiront de toi. ⁷ J'établirai mon alliance entre moi et toi, et tes descendants après toi, selon leurs générations: ce sera une alliance perpétuelle, en vertu de laquelle je serai ton Dieu et celui de ta postérité après toi. ⁸ Je te donnerai, et à tes descendants après toi, le pays que tu habites comme étranger, tout le pays de Canaan, en possession perpétuelle, et je serai leur Dieu.

Deutéronome 34

1Moïse monta des plaines de Moab sur le mont Nebo, au sommet du Pisga, vis-à-vis de Jéricho. L'Eternel lui fit voir tout le pays :

2Galaad jusqu'à Dan, tout Nephthali, le pays d'Ephraïm et de Manassé, tout le pays de Juda jusqu'à la mer Méditerranée,

3le Néguev, les environs du Jourdain, la vallée de Jéricho, la ville des palmiers, jusqu'à Tsoar.

4L'Eternel lui dit : « Voilà le pays que j'ai juré de donner à Abraham, à Isaac et à Jacob en disant : 'Je le donnerai à ta descendance. Je te l'ai fait voir de tes yeux, mais tu n'y entreras pas. » (**donc il ne s'agit pas du Nil à l'Euphrate)**

Ta Terre, Israël, de l'Euphrate au Nil, un slogan mythique qui a un but politique et expansionniste aux dépens de la nation arabe.

Confirmation de la Torah que le pays que Dieu (Louange à Lui) a promis aux Israélites est le pays de Canaan, et non le pays entre le Nil et l'Euphrate. Et si c'est le cas, Moïse (Paix sur Lui) est dans le Sinaï. Et comment les Enfant d'Israël, avec leur petit nombre, peuvent-ils habiter une grande zone qui se trouve entre les deux fleuves?

La carte d'Israël de l'Euphrate au Nil, dessinée par les Juifs sur la porte de la Knesset, et distribuée à New York, dans laquelle il semble qu'ils ne soient pas satisfaits de la Palestine, mais aspirent à annexer l'Irak, la Jordanie, la Syrie, une partie de l'Arabie saoudite, y compris Médine, et une partie de la République arabe d'Egypte.

Lors d'une déclaration (10.10.2024) diffusé sur la chaîne franco-allemande Arte, Bezalel Smotrich, ministre israélien en charge des Finances, a suggéré une extension progressive de la souveraineté d'Israël. Cette déclaration extrême reflète une idéologie religieuse qui prône une expansion de la « Terre promise » au-delà des frontières internationalement reconnues d'Israël.

La vision de Smotrich inclut non seulement les Territoires palestiniens, mais également des parties de la Jordanie, de la Syrie, du Liban, de l'Irak, de l'Égypte et de l'Arabie saoudite.

I.6 Leur déformation de la Torah qui a été révélée à Moïse (Paix sur Lui)

Jusqu'à présent, personne ne sait qui a écrit la Torah déformée, et c'est toujours le sujet des érudits juifs. Ce qui est certain et que Moïse, (Paix sur Lui), n'a pas écrit la Torah et la preuve se trouve dans la Torah actuelle.

Selon la tradition religieuse juive, le Prophète Moïse, (Paix sur Lui), est monté au mont Sinaï, et a reçu du Seigneur le Tout-Puissant directement pour les deux tables de l'alliance, sur lesquelles sont gravés les Dix Commandements .

Il ressort clairement du texte biblique que certaines parties de la Torah n'ont pas été écrites par Moïse (Paix sur Lui), car il y est dit qu'il a écrit certains passages, ce qui signifie que cette observation n'aurait pas été nécessaire s'il avait écrit le texte entier. De plus, son histoire a été écrite par un auteur qui parle de Lui à la troisième personne, par exemple :

Les Nombres

12. ³ Or, Moïse était un homme fort patient, plus qu'aucun homme sur la face de la terre.

Par conséquent, la distorsion de la Torah est possible tant que l'on ne sait pas qui l'a écrite .

Deutéronome 34

5Moïse, le serviteur de l'Eternel, mourut là, dans le pays de Moab, conformément à l'ordre de l'Eternel.

6L'Eternel l'enterra dans la vallée, dans le pays de Moab, vis-à-vis de Beth-Peor. Personne n'a su où était son tombeau jusqu'à aujourd'hui.

7Moïse était âgé de 120 ans lorsqu'il mourut. Sa vue n'était pas affaiblie et il n'avait pas perdu sa vigueur.

Si personne ne connaît le tombeau de Moïse (Paix sur Lui) selon le chapitre trente-quatre du Deutéronome, qui est le narrateur du chapitre? Certainement pas Moïse (Paix sur Lui), car il n'est pas possible de parler de sa propre tombe.

Le Saint Coran nous rappelle que la Torah a été révélée par Dieu (Louange à Lui) à Moïse (Paix sur Lui) et écrite sur les tablettes, alors où sont-elles?

Une légende éthiopienne qui met en scène le roi Salomon, la reine de Saba et Ménélik leur fils, tendrait à affirmer qu'au siècle avant notre ère, Axoum était devenu un centre de population de réelle importance acquis à la religion de Moïse.

Cette légende enseigne en effet que Ménélik devenu grand, vint en Judée visiter le roi Salomon, son père, et qu'il en revint apportant avec lui les tablettes de la loi (dans le Coffre). Ces tablettes que Moïse avait reçues de Dieu sur le Sinaï et qu'à cette occasion un temple fut construit à Axoum pour le recevoir en dépôt[12].

Sourate 7 : AL-ARAF

143. Et lorsque Moïse vint à Notre rendez-vous et que son Seigneur lui eut parlé, il dit : "Ô mon Seigneur, montre Toi à moi pour que je Te voie ! " Il dit : "Tu ne Me verras pas; mais regarde le Mont : s'il tient en sa place, alors tu Me verras." Mais lorsque son Seigneur Se manifesta au Mont, Il le pulvérisa, et Moïse s'effondra foudroyé.

Lorsqu'il se fut remis, il dit : "Gloire à toi ! A Toi je me repens; et je suis le premier des croyants".

144. Et (Allah) dit : "ô Moïse, Je t'ai préféré à tous les hommes, par Mes messages et Ma parole. Prends donc ce que Je te donne, et sois du nombre des reconnaissants".

---

[12] Egypte et Ethiopie. Axoum. Olivier Beauregard Bulletins et mémoires de la société d'Anthropologie de Paris. Année 1892. Pages 199-213

145. Et Nous écrivîmes pour lui, sur les tablettes, une exhortation concernant toute chose, et un exposé détaillé de toute chose. "Prends-les donc fermement et commande à ton peuple d'en adopter le meilleur. Bientôt Je vous ferai voir la demeure des pervers.

La question clé dans ce contexte est de savoir qui sont les auteurs de la Torah déformée et quels étaient leurs objectifs?

On dit que pendant la période d'exil à Babylone (586-539 AJC.), la Torah a été écrite par le Conseil de Sanharin, qui a été fondé à Babylone et était composé de 120 membres, dont les plus célèbres (Esdras et Néhémie), puis ils ont migré à Jérusalem et ont recueilli la Torah à partir de leur mémorisation, de leur imagination, de leurs passions et de leurs intérêts.

I.7 La question du Coffre

Le Coffre est mentionné dans le Saint Coran, dans l'histoire du roi Talut, Dieu Tout-Puissant a dit :

Sourate 2 : Al-BAQARAH (LA VACHE)

246. N'as-tu pas su l'histoire des notables, parmi les enfants d'Israël, lorsqu'après Moïse ils dirent à un prophète à eux : "Désigne-nous un roi, pour que nous combattions dans le sentier d'Allah". Il dit : "Et si vous ne combattez pas, quand le combat vous sera prescrit ? " Ils dirent : "Et qu'aurions-nous à ne pas combattre dans le sentier d'Allah, alors qu'on nous a expulsés de nos maisons et qu'on a capturé nos enfants ? " Et quand le combat leur fut prescrit, ils tournèrent le dos, sauf un petit nombre d'entre eux. Et Allah connaît bien les injustes.

247. Et leur prophète leur dit : "Voici qu'Allah vous a envoyé Talout pour roi." Ils dirent : "Comment régnerait-il sur nous ? Nous avons plus de droit que lui à la royauté. On ne lui a même pas prodigué beaucoup de richesses ! " Il dit : "Allah, vraiment l'a élu sur vous, et a accru sa part quant au savoir et à la condition physique." - Et Allah alloue Son pouvoir à qui Il veut. Allah a la grâce immense et Il est Omniscient.

248. Et leur prophète leur dit : "Le signe de son investiture sera que le Coffre va vous revenir; objet de quiétude inspiré par votre Seigneur, et contenant les reliques de ce que laissèrent la famille de Moïse et la famille d'Aaron. Les Anges le porteront. Voilà bien là un signe pour vous, si vous êtes croyants ! "

Les commentateurs mentionnent que le nom du Prophète est Samuel[13], et que Talout n'était pas de la tribu des rois ou de la tribu de la prophétie, alors les Enfants d'Israël ont dit: comment serait-il roi sur nous et nous sommes plus dignes de la royauté que lui.

Alors leur Prophète leur montra que Dieu avait choisi Talout et lui donna une étendue, c'est-à-dire un accroissement de connaissance et de meilleure condition physique, il était grand et beau.

Et leur Prophète leur expliqua que le signe du mérite de Talout pour la royauté : le retour du Coffre pour eux.

Le Saint Coran n'indique pas l'état du Coffre sauf qu'il contient la quiétude (*al sakina* en arabe*)*, et le reste de ce que Moïse et Aaron (Paix sur Eux) ont laissé derrière eux, et que les anges le portent et l'apportent.

Le Tout-Puissant dit: (Il y a un signe pour vous), c'est-à-dire: un signe indiquant les caractéristiques de Talout. Les commentateurs diront: " Lorsque le Coffre vint à eux et lui reconnut la royauté, il se prépara à sortir, alors ils se hâtèrent de lui obéir et sortirent avec lui."

Il n'y a aucune mention du Coffre dans *la Sunna* prophétique, ni une indication de ce qu'il contenait.

Certains Juifs disent aujourd'hui que le Coffre est situé sous la mosquée Al-Aqsa, (le Dôme du Rocher), comme pour démolir la mosquée bénie, que Dieu la protège.

Où se trouve le Coffre actuellement?

Certains chercheurs et étudiants en histoire s'intéressent à l'emplacement du Coffre et à l'endroit où il se trouve. Quant aux Juifs, la plupart croient que le Coffre existe, mais qu'il a été caché pendant la diaspora pour le préserver. Beaucoup d'entre eux pensent qu'il se trouve à l'endroit où se trouve le temple du roi Salomon (Paix sur Lui), car il y a été caché par le roi Josué pour le préserver.

Alors qu'il existe une version éthiopienne qui dit que le Coffre a été introduit

---

[13] Dans le Saint Coran, Saül est désigné sous le nom de Tāloūt. Comme dans la Bible, il est le premier roi israélite, annoncé par le prophète Samuel·.

clandestinement en Egypte, où il est arrivé à Assouan, plus précisément sur l'île d'Eléphantine sur le Nil, et de là il s'est déplacé vers l'Ethiopie, plus précisément dans la ville d'Axoum dans l'église Notre-Dame.

L'église éthiopienne y croit complètement, et un prêtre âgé est nommé qui est le seul autorisé à entrer et à voir le Coffre, et ce prêtre est constamment changé, et il y a des rumeurs sur l'exposition de ceux qui sont désignés pour garder le Coffre à une déficience visuelle dès qu'il voit le Coffre, car il souffre de symptômes similaires à l'exposition aux radiations atomiques. (voir, supra point I.6, la version éthiopienne).

I.8 Le Temple de Salomon

Le roi Salomon (Paix sur Lui) (970-931 AJC), est l'un des prophètes justes de Dieu, Il lui a donné une grande sagesse, et un grand royaume comme s'est écrit dans le Saint Coran.

Sourate 27 : AN-NAML (LES FOURMIS). Il lui a soumis les djinns, le vent et l'oiseau qui lui obéissent dans ce qu'il leur commande.

Il a entendu, selon le Saint Coran, une fourmi ordonner au groupe de fourmis d'entrer dans leurs demeures, afin que Salomon (Paix sur Lui) et ses soldats ne les détruisent pas.

Il a interrogé la huppe lorsqu'elle lui a apporté la nouvelle d'une reine qui adore le soleil sans Dieu, qui est la reine de Saba Bilqis au nord du Yémen. Il a ordonné un de ses serviteurs qui a un savoir du Livre de lui apporter le trône de Bilqis en un clin d'œil,

Il bâtit Jérusalem et érigea une muraille autour de la ville, et continua à le faire pendant sept ans, et après avoir achevé la construction de Jérusalem, il construisit un grand temple.

Le temple est un lieu de culte pour le Juifs, tout comme la mosquée pour les musulmans ou l'église pour les chrétiens.

La construction du Temple a duré treize ans. Le Temple de Salomon est un point central et chaud dans le conflit entre les Musulmans et les Juifs. Les Juifs croient que ce Temple est situé quelque part à Jérusalem-Est, plus précisément sous la mosquée Al-Aqsa, tandis que les Musulmans pensent que la recherche et l'excavation de ce Temple n'est qu'un plan pour détruire la mosquée Al-Aqsa .

Afin de voir clair, nous allons retracer l'histoire de ce Temple, puis expliquer les raisons pour lesquelles les Juifs croient que le Temple est situé sous la mosquée Al-Aqsa. Puis expliquer les raisons pour lesquelles les Musulmans croient qu'il est prévu de démolir la mosquée Al-Aqsa par les Juifs.

Le Temple de Salomon dans l'histoire:

- Salomon (Paix sur lui) a achevé la construction du Temple dans le but d'adorer Dieu (Louange à Lui) et d'y garder la Torah. Il a été construit avec l'aide de cent quatre-vingt mille ouvriers y compris des diables.

- En l'an 587 AJC Nabuchodonosor (roi de Babylone) a assiégé la ville de Jérusalem, qui était la capitale du royaume de Judée, et ce siège a duré une année entière, car les Juifs se sont rebellés contre lui et lui ont désobéi deux fois. Ils ont refusé de lui payer un tribut, et ils ont également utilisé les égyptiens pour combattre les Babyloniens. Après un an de siège, les Babyloniens sont entrés dans la ville de Jérusalem, ont déporté en esclavage tout le monde, y compris leur roi, et ont brûlé le Temple .

- En l'an 539 AJC, le roi des Perses Cyrus renversa les Babyloniens et permit aux Juifs de retourner à Jérusalem, et leur donna la permission de reconstruire le Temple de Salomon, leur donnant une aide financière en abondance et tout ce qui avait été pris dans le Temple pendant le règne des Babyloniens.

- En l'an 165 AJC, le roi séleucide Antiochos IV transforma le Temple en un temple le dieu Zeus, et força les Juifs à se convertir au paganisme, sachant qu'ils conspireraient contre son règne .

- En l'an 62 AJC, Pompéi, l'un des chefs militaires romains, est entré à Jérusalem et a donné l'autonomie aux Juifs. L'affaire a continué jusqu'à la soixante-dixième année après JC, au cours de laquelle les Juifs se sont rebellés contre les Romains. Titus, leur chef, a brûlé le Temple et tué un certain nombre de Juifs. Ce fut la dernière fois que le Temple a été brûlé et démoli.

Que représente le Temple pour les Juifs?

Les Juifs jeûnent un jour par an, considérant ce jour comme le jour où le Temple a été démoli. Ils brisent le calice dans les rituels du mariage afin de se souvenir de la destruction du Temple. Ils croient également que le Temple sera construit après l'apparition d'une vache rousse, irréprochable. Cette vache sera brûlée trois ans après son apparition ou sa naissance, puis ceux qui vont construire le Temple seront lavés avec ses cendres.

Le 20 mars 1918, des intentions, après environ plus de deux milles ans, commencèrent à apparaître sur le champ, surtout après qu'une mission juive eut soumis une demande au gouverneur militaire britannique pour permettre la construction d'une université hébraïque à Jérusalem et la reprise du Mur de Lamentations. Leurs tentatives étaient de prendre le contrôle de Jérusalem pour reconstruire le Temple.

Actuellement le gouvernement israélien mobilisa le soutien pour la construction de ce Temple, et ses dirigeants déclarent toujours que cette structure sera inévitablement reconstruite. Les tentatives répétées des autorités d'occupation de judaïser la ville de Jérusalem et de construire des monuments juifs pour lui donner un caractère purement juif.

Les travaux de fouilles menés sous la mosquée Al-Aqsa continuent pendant des décennies, sous prétexte de rechercher les ruines du Temple .

En conclusion sur le Temple de Salomon, le journal quotidien Haaretz a publié un article du célèbre écrivain et journaliste Ari Shavit*ri*

L'écrivain a demandé l'aide d'archéologues occidentaux et juifs, dont le plus célèbre est Israël Flintstein de l'Université de Tel Aviv, qui a confirmé que "le Temple est aussi un mensonge et un conte de fées qui n'existe pas, et toutes les fouilles ont été prouvées". Il a été prouvé qu'il avait complètement disparu il y a des milliers d'années, ce qui a été explicitement affirmé dans un grand nombre de références juives et de nombreux archéologues occidentaux l'ont confirmé. La dernière d'entre eux était en 1968 l'archéologue britannique Dr. Caitlin Kabinos, alors qu'elle était directrice des fouilles à l'École britannique d'archéologie de Jérusalem. Elle a effectué des fouilles à Jérusalem et a été expulsée d'Israël en raison de sa révélation des mythes israéliens, sur la présence de traces du Temple de Salomon sous la mosquée Al-Aqsa.

La ville de Jérusalem, avant et actuellement:

Les premiers peuples à s'installer à Jérusalem ont été les Cananéens, une tribu arabe qui est venue de la péninsule arabique, il y a plus de quatre mille ans AJC. Elle a atterri autour d'une source avec de l'eau abondante, au-dessus d'une des montagnes de Jérusalem, et le site a été bien choisi, la source est située sur une haute montagne, ce qui offre protection et sécurité à ses habitants, où il est difficile de la piller.

Les Israélites sont venus à Canaan de Transjordanie sous la direction du prophète Josué (Paix sur Lui) et leur roi Talout qui a été tué à la guerre. Puis David (Paix sur Lui) est devenu le roi et a réussi à unir à nouveau les Israélites, et a éliminé les différences et les guerres entre eux, et a pu vaincre les Jébuséens cananéens [14], puis l'établissement du royaume d'Israël et a pris Jérusalem comme capitale de son royaume (1013 - 973 AJC). Il a agrandi son royaume et a conquis les Araméens à Damas. Le Prophète Salomon fils de David (Paix sur Eux), a pris le relais et a construit le Temple. Après la mort de Salomon (Paix sur Lui) en 935 AJC, le royaume a été divisé en deux, de sorte que Juda a été établi à Jérusalem et le royaume d'Israël en Samarie, et des différends ont surgi entre les deux royaumes.

Yaqut al-Hamawi[15] décrit ce qu'il a vu à Jérusalem. "Ses villages, dit-il, sont tous sur de hautes montagnes, et non autour ou près d'une terre basse, et que les gens y plantent sur les montagnes en utilisant des haches et non des animaux pour labourer".

Les Musulmans se sont intéressés à la ville depuis très longtemps, alors ils ont arrêté pour elle ses dotations telles que les terres agricoles et les biens immobiliers dans diverses parties du Levant, pour dépenser pour Al-Aqsa en particulier et pour la ville et ses écoles en général. Le nombre d'écoles parrainées par les Dotations sont 56, sans parler des fontaines, des arcades, des dômes, des citernes, des minarets et autres, et le nombre de mosquées a atteint 34. Ce qui lui a donné un caractère islamique distinctif.

Quant à la Jérusalem moderne : elle est composée de deux villes : la Vieille Ville de Jérusalem, qui est entourée par l'ancienne Grande Muraille, et contient tous les lieux saints : le dôme de rocher, la mosquée Al-Aqsa et l'église du Saint-Sépulcre. Elle s'appelle Jérusalem-Est, qui est tombée sous occupation sioniste en 1967.

En dehors de l'ancienne muraille, la Nouvelle Jérusalem se caractérise par une construction moderne, de nouveaux quartiers, des rues boisées, des bâtiments

---

[14] Un peuple biblique. Dans la Genèse, ils descendent de Canaan, lui-même petit-fils de Noé. Ils sont une des sept tribus du pays de Canaan évoquées dans le Deutéronome.

[15] Yaqout ibn Abdullah al-Rumi al-Hamawi , né en 1179 à Constantinople et décédé en 1229 à Alep, est un biographe, encyclopédiste et un géographe syrien.

élégants et des jardins en harmonie, qui s'appelle Jérusalem-Ouest, qui est tombée en 1948 aux mains des israéliens. Elle a été construite pour s'adapter à la croissance démographique et aux migrations juives successives.

L'évolution de la construction de la mosquée Al-Aqsa:

- Historiquement on ne sait pas exactement quand la mosquée Al-Aqsa a été construite pour la première fois, mais il est mentionné dans les hadiths du Prophète Mouhammad (Paix et bénédictions sur Lui) qu'elle a été construite quarante ans après la construction de la Kaaba par Abraham (Paix sur Lui). Abu Dar (un de Ses Compagnon) a rapporté qu'il a dit: " J'ai dit: ô Messager d'Allah ! Quelle mosquée a été construite en premier? Il a dit: La Mosquée Sacrée (à la Mecque). J'ai dit: " Alors la suivante? " Il a dit: la Mosquée Al-Aqsa. J'ai dit: " Combien entre les deux?". Il a dit: " Quarante ans ". Selon Sahih Muslim, p. 520 .

- Les débuts de la construction de la mosquée Al-Aqsa remontent à Omar bin Al-Khattab (Troisième Calife de l'Islam), (que Dieu l'agrée), qui a ordonné lors de sa visite à Jérusalem de construire une mosquée non loin du site du dôme de rocher, sur lequel la coupole a été construite (en 691 Après JC),

- En 691, le calife Abdul Malik ordonne la construction du Dôme du Rocher sur un   large affleurement rocheux. L'historien du Xe siècle Al-Maqdisi écrit qu'Abdul Malik construit le sanctuaire dans le but de concurrencer en grandeur les églises chrétiennes de la ville. Quelle que soit son intention, la splendeur et la taille de ce sanctuaire ont fait de Jérusalem un lieu majeur des premiers temps de l'Islam.

- Al-Walid bin Abdul Malik a continué à construire la mosquée pendant son règne (705-714 Après JC), et c'est à lui qu'on attribue l'établissement de la mosquée Al-Aqsa à son emplacement actuel, et il ne reste que des décennies de la construction d'Al-Aqsa par Al-Walid basée sur des colonnes de marbre à droite du petit dôme à l'entrée de l'actuel Al-Aqsa et à gauche de celui-ci.

- Un tremblement de terre s'est produit en 747 Après JC qui a gravement affecté la construction d'Al-Aqsa, il a donc été reconstruit par le calife abbasside Abu Jaafar Al-Mansur[16] après avoir arraché l'or de ses portes pour financer la construction.

- Vient ensuite le rôle du calife abbasside al-Mahdi [17] où il a rénové sa construction, en réduisant sa longueur et en augmentant sa largeur, en 780 Après JC, qui sont des rénovations qui ont donné à la mosquée son image grandiose actuelle.

- Sous le règne du calife abbasside « Abdullah Al-Ma'mun »[18], Al-Aqsa a été détruit par un tremblement de terre, alors Al-Ma'mun a décidé de le reconstruire, et il a confié aux princes de l'Empire islamique chacun la construction d'une galerie.

  Abdullah bin Taher (gouverneur de Khorasan) a pris la responsabilité de la construction. Le nouveau bâtiment se composait de 26 galeries, tous s'étendant du mur de la *qiblah* (la direction de la prière vers la Kaaba) jusqu'à la cour. Quant aux portes de la mosquée, il y avaient sept portes, dont la plus ancienne. était la porte du milieu du bâtiment et la porte principale était recouverte de cuivre.

- Al-Aqsa a été exposée à un tremblement de terre au cours de l'année 1033 Après JC, de sorte que le califat fatimide en Égypte l'a reconstruit et rénové.

Cependant, Al-Aqsa a été vandalisée lors des Croisades[19], mais sa structure générale est restée: le toit et les colonnes, sept galeries perpendiculaires à la *qiblah,* l'intérieur

---

[16] Abû Ja`far al-Mansûr, surnommé Al-Mansûr, né en 714 à Humayma en Jordanie et meurt le 7 octobre 775 à la Mecque, est le second calife abbasside, quand il succède à son frère Abû al-`Abbâs as-Saffah en 754.

[17] Muhammad al-Mahdî ben `Abd Allah al-Mansûr également connu sous son nom de règne al-Mahdi, né le 3 août 744 à Bagdad et mort le 24 juillet 785, est le troisième calife abbasside qui règne de 775 à 785. Il succède à son père Al-Mansûr en 775.

[18] Abû al-`Abbâs al-Ma'mûn `Abd Allah ben Hârûn ar-Rachîd surnommé al-Ma'mûn, né le 13 septembre 786 à Bagdad et mort à Tarse en Turquie le 9 août 833, était un calife abbasside qui régna de 813 à 833.

[19] Durant les Croisades du XIIᵉ siècle, le dôme de rocher est transformé en église, tandis que la mosquée al-Aqsa toute proche est transformée en palais par Baudouin de Boulogne. Les deux monuments sont tous deux rendus au culte musulman en 1187 après la prise de Jérusalem par Saladin.

Une fois les croisés dans la ville, tous les Musulmans qui n'ont pas fui sont passés au fil de l'épée. Les Juifs sont brûlés dans leurs synagogues. Les tueries durent jusqu'au matin suivant. Le bilan varie selon les sources : pour les Chrétiens, 10 000 morts, pour les Musulmans, 70 000. (Siège de Jérusalem 1099. (Source: Pierre Langevin 2007. P111 Le Moyen Âge pour les nuls , Paris, éditions First, 2007.)

de la maison de prière et deux dômes : un petit dôme directement au-dessus de la mosquée, et un autre dôme au-dessus de la dalle menant au mihrab[20].

La mosquée conserve toujours cet aspect, car beaucoup de ses parties ont été restaurées et reconstruites sous l'Etat mamelouk et le califat ottoman.

En 1929, des jeunes sionistes ont tenté de prendre d'assaut la mosquée Al-Aqsa et d'établir des rites religieux au Mur de Lamentation, ce qui a provoqué la colère des Musulmans Alors ils se sont soulevés avec une révolution populaire massive, connue sous le nom de la révolte d'Al-Buraq[21], et ils ont créé l'Association pour la protection de la mosquée Al-Aqsa,. Lorsqu'un comité a été formé à partir de la Société des Nations pour discuter de la question, le comité a reconnu que le Mur est un droit légitime pour les Musulmans, avec la place qui le jouxte.

 Le 21 Août 1969 un évangéliste sioniste a essayé de brûler la mosquée Al-Aqsa, et l'incendie s'est déclaré jusqu'à ce qu'il brûle la chaire de Salah al-Din (Saladin) et certaines parties de la mosquée, mais bientôt les Musulmans ont pu éteindre l'incendie, et les autorités d'occupation ont essayé de convaincre le public qu'il s'agissait d'un défaut d'alimentation électrique, mais le rapport du Comité des ingénieurs arabes l'a démenti. Alors la police d'occupation a accusé un jeune Australien chrétien-sioniste, et il a été rapidement libéré au motif qu' il était malade mental .

I.9 Les différents régimes depuis l'entrée des Enfants d'Israël dans la Terre Promise.

Après l'expiration de la période (sous Moise Paix sur Lui) pendant laquelle les Enfants d'Israël ont été condamnés par Dieu (Louange à Lui) à errer, ils ont conquis la Terre Sainte sous la direction de Josué ben Noun (Paix sur Lui).

---

[20] Un mihrab est une niche dans le mur d'une mosquée qui indique la direction de la Mecque vers laquelle les musulmans se tournent.

[21] Le nom de l'animal qui a transporté le Prophète Mouhammad (Paix et bénédictions sur Lui) de la Mecque à la Mosquée Al-aqsa et a été attaché à ce Mur.

Les historiens divisent l'histoire des Juifs en Palestine en trois périodes:

I.9.1 – L'ère des Juges :

Cela signifie que lorsque Josué ben Noun, (Paix sur Lui), a conquis la Terre Sainte, il a divisé la terre conquise entre les tribus des Enfants d'Israël, donnant à chaque tribu une partie de la terre, et il nomma sur chaque tribu un chef parmi leurs anciens, et il nomma sur chaque tribu un juge qui pourrait statuer sur les affaires qui se disputaient entre elles. Cette situation continua pour les Enfants d'Israël. près de quatre cents ans, Il y avait des guerres permanentes entre eux et leurs ennemis. La victoire revenait tantôt aux Enfants d'Israël, tantôt à leurs ennemis.

I.9.2 - L'ère des Rois :

 C'est l'ère où le règne a commencé en tant que monarchie, et Dieu (Louange à Lui) nous a annoncé la nouvelle de leurs premiers rois :

Sourate 2 : Al-BAQARAH (LA VACHE)

246. "Désigne-nous un roi, pour que nous combattions dans le sentier d'Allah.

247. Et leur prophète leur dit : "Voici qu'Allah vous a envoyé Talout pour roi." Ils dirent : "Comment régnerait-il sur nous ? Nous avons plus de droit que lui à la royauté. On ne lui a même pas prodigué beaucoup de richesses ! " Il dit : "Allah, vraiment l'a élu sur vous, et a accru sa part quant au savoir et à la condition physique." - Et Allah alloue Son pouvoir à qui Il veut. Allah a la grâce immense et Il est Omniscient.

Alors ils acceptèrent Talout comme roi contre leur volonté. Après lui le roi David (Paix sur Lui), puis son fils Salomon,(Paix sur Lui). Leur époque fut la plus belle période qu' ait été transmise aux Enfants d'Israël, et ceci grâce à la justice et la sagesse de ces deux nobles prophètes obéissants et adorateurs de Dieu (Louange à Lui) (Voir point I.7 supra la question du Coffre).

I.9.3 - L'ère des divisions :

 C'est l'ère qui suit celui de Salomon (Paix sur Lui), où la royauté a été disputée par ses héritiers après lui.

L'Etat Israélite a continué 244 ans, après quoi il est tombé aux mains des Assyriens à l'époque de leur roi Sargon en 722 AJC environ, et il a déporté son peuple, et l'a installé en Irak, et a amené des gens de l'extérieur de cette région et les a habités, de sorte qu'ils se sont ensuite convertis à la religion des Enfants d'Israël et ont ainsi éliminé cet Etat.

L'Etat de Juda, il dura environ 362 ans puis il est tombé entre les mains des pharaons d'Egypte en 603 AJC environ, et ils lui ont imposé un tribut, et le règne des pharaons de l'époque s'est étendu à l'Euphrate.

I.9.4 Les autres périodes.

Alors vint le gouverneur chaldéen de Babylone.

Bakhtansar, a repris le Levant et la Palestine, et en chassa les pharaons, puis marcha de nouveau sur l'Etat de Juda, qui s'était rebellé contre lui .

Il l'a détruit ainsi que le temple de Jérusalem et a conduit son peuple en exil à Babylone, et c'est ce qu' on appelle la captivité babylonienne, et c'était la fin de cet Etat appelé Juda vers l'année 586 AJC. Puis l'Etat de Babylone est tombé aux mains des Perses.

Pendant le règne des Perses leur roi Cyrus en 538 AJC.

Cyrus a permis aux Juifs de retourner à Jérusalem, de construire leur temple et de nommer un dirigeant parmi eux . La domination des Perses s'est poursuivie de 332 à 538 AJC.

Alexandre le Grec Macédonien a marché sur le Levant et la Palestine .

Il s'en est emparé de la Palestine, et a supprimé la domination des Perses et s'est emparé de leur pays et des pays d'Egypte et d'Irak, de sorte que ces pays passèrent sous leur domination de la fin du IVe siècle AJC jusqu'au milieu du premier siècle avant JC, après quoi le chef romain Pompée envahit le pays en 64 AJC et en éloigna la domination des Grecs, de sorte que les Juifs sont passés sous la domination et le contrôle des Romains.

La Palestine sous la domination et le contrôle romains.

Au moment du contrôle de la Palestine par les Romains, le Christ est ressuscité, (Paix sur Lui), et après sa Levée, une grave situation s'est abattue sur les Juifs en Palestine, où ils se sont révoltés contre les Romains. Le commandant romain Titus en 70 après JC, s'efforce de les exterminer, de les tuer, et d'en capturer et déplacer un grand nombre.

Il détruisit Jérusalem et le Temple juif, et ce fut la deuxième destruction du Temple. Le souverain romain Hadrien poursuivit la destruction du Temple en l'année (135 après JC), lorsqu'il ordonna à ses soldats de raser le Temple. et y construisit un temple au principal dieu romain, (Jupiter), et démolit tout dans la ville, et il ne laissa pas un Juif dedans, puis il empêcha les Juifs d'entrer dans la ville. **Il permit aux Juifs de venir à Jérusalem un jour par an et de se tenir debout devant le Mur des Lamentations qui restait du Temple, qui est la partie occidentale .**

Selon Dion Cassius[22], la révolte juive, est provoquée par la décision d'Hadrien, alors qu'il séjournait dans la région entre 128 et 132 de notre ère, de fonder la colonie Aelia Capitolina (le nom donné à Jérusalem par l'empereur Hadrien, lors de son passage dans la ville). sur une partie du site de la ville et de rebâtir sur l'emplacement du Temple de Jérusalem un temple dédié à Jupiter. Ceci provoque la fureur des Juifs. Les pertes romaines sont si importantes que l'empereur renonce au triomphe après la victoire. Cependant, malgré les pertes, Hadrien finit par détruire la ville fortifiée de Bétar (Bétar est le nom d'une ancienne cité-forteresse de Judée, située au sud-ouest de Jérusalem, et connue comme le dernier lieu de résistance du peuple juif à l'Empire romain en 135; le chef de cette révolte était Bar-Kokheba). qui est le refuge de Bar-Kokheba et massacre sa population juive. **Par la suite, les Juifs sont dispersés et interdits de séjour à Jérusalem, Ainsi, les Juifs ont été dispersés sur toute la planète .**

[2]Sourate 7 : AL-ARAF

167. Et lorsque ton Seigneur annonça qu'Il enverra certes contre eux quelqu'un qui leur imposera le pire châtiment jusqu'au Jour de la Résurrection. En vérité ton Seigneur est prompt à punir mais Il est aussi Pardonneur et Miséricordieux.

L'un des châtiments que Dieu (Louange Lui) leur a imposés, en plus de ce tourment continu jusqu'au Jour de la Résurrection, était qu'ils seraient divisés sur la terre et dispersés comme punition pour leur incrédulité et leur corruption.

---

[22] **Dion Cassius**, né vers 162 Après JC à Nicée (Bithynie) où il est mort vers 235, est un homme politique et historien romain d'expression grecque..

Le Tout-Puissant a dit :

Sourate 7 : AL-ARAF

168. Et Nous les avons répartis en communautés sur la terre. Il y a parmi eux des gens de bien, mais il y en a qui le sont moins. Nous les avons éprouvés par les biens et par des maux, peut-être reviendraient-ils (au droit chemin).

169. Puis les suivirent des successeurs qui héritèrent le Livre, mais qui préférèrent ce qu'offre la vie d'ici-bas en disant : "Nous aurons le pardon." Et si des choses semblables s'offrent à eux, ils les acceptent. N'avait-on pas pris d'eux l'engagement du Livre, qu'ils ne diraient sur Allah que la vérité? Ils avaient pourtant étudié ce qui s'y trouve.

Et l'ultime demeure est meilleure pour ceux qui pratiquent la piété, - Ne comprendrez-vous donc pas ? –

Ces nobles versets expliquent la réalité des Juifs. Le premier verset déclare que Dieu les a condamnés à un tourment continu de la part des gens jusqu'au Jour de la Résurrection. Le deuxième verset indique qu'ils seront déchirés dans le pays, et que leur déchirement entraînera une grave calamité qui s'abattra sur eux en tant que groupe, et ils ne pourront plus se soutenir mutuellement à cause de cela.

I.9.5 La période musulmane

Les Musulmans ont succédé aux Romains chrétiens au septième siècle de notre ère, sur le Levant, la Palestine et tout ce qui était entre les mains des Romains dans ces régions. Les Juifs étaient dans un état de dispersion à travers le pays, et ils n'étaient pas autorisés à ce moment-là à vivre à Jérusalem, comme expliqué précédemment.

Le Calife Omar (que Dieu l'agrée), reconnaît le lien qui lie les Juifs à la Ville Sainte et au Mont du Temple

Rejetant la tradition de l'antijudaïsme chrétien de son époque, comme l'eût souhaité l'évêque Sophrone, le calife Omar Ibn al-Khattâb (que Dieu l'agrée), autorise en 634 le retour des Juifs à Jérusalem: il permet à 70 familles juives de Tibériade de s'installer dans la Ville Sainte.

Le **siège de Jérusalem** ayant lieu de 636 à 637 est un épisode du conflit qui oppose l'Empire byzantin aux musulmans. Il commença quand l'armée du calife Omar (que Dieu l'agrée), dirigée par Abu Ubayda ibn al-Djarrah met le siège devant Jérusalem en novembre 636. Après six mois, le patriarche Sophrone accepte la reddition de la cité, à la condition qu'elle se fasse devant le calife. En avril 637, le calife Omar ibn al-Khattâb (que Dieu l'agrée), arrive devant Jérusalem pour recevoir la reddition de la ville.

Après la conquête musulmane de Jérusalem, les Juifs reçoivent à nouveau l'autorisation de vivre et de pratiquer leur religion librement dans la ville, huit ans après leur massacre par les Byzantins et près de 500 ans après leur expulsion de Judée par les Romains.

Bien que les détails du siège soient inconnus, il semble qu'il n'y ait eu aucune effusion de sang. La garnison byzantine ne peut espérer aucun secours de l'empire épuisé d'Héraclius. Après un siège de six mois, Sophrone offre la reddition de la cité ainsi que le paiement d'une *jizyia* (un tribut), à la condition que le calife vienne à Jérusalem signer le pacte et accepter la reddition, Abu Ubaidah écrit au calife Omar(que Dieu l'agrée), pour lui faire part de la situation et l'invite à venir à Jérusalem pour accepter la reddition de la cité.

Au début du mois d'avril 637, Omar (que Dieu l'agrée), arrive en Palestine où il est reçu par Abu Ubaidah, Khalid et Yazid qui ont fait le voyage avec une escorte pour recevoir le calife.

En 636, Sophrone[23] est témoin de la prise de Jérusalem par les troupes du calife Omar(que Dieu l'agrée), en 637, il tient un rôle important dans l'établissement du traité de paix avec les vainqueurs notamment en négociant un statut de *dhimmi*[24] pour les populations chrétiennes. Il réussit aussi à réduire le nombre de familles juives autorisées par le calife Omar (que Dieu l'agrée), à revenir vivre à Jérusalem et dont elles étaient interdites depuis 135 ans.

---

[23] Sophrone de Jérusalem, dit Sophrone le Sophiste, né à Damas vers 560, fut patriarche de Jérusalem de 634 jusqu'à sa mort le 11 mars 638 à Jérusalem.

[24] C'est aux " gens du Livre, Juifs et Chrétiens " que s'applique la *dhimma*, le régime juridique auquel est soumis le non-musulman en terre d'Islam. Il porte le nom de *dhimmi* que l'on peut traduire par " hôte protégé " ou « pactisant ". Ce statut est aboli au 19ième siècle dans la plupart des pays musulmans. De 1839 à 1856, l'Empire ottoman abroge le statut de *dhimmi*.

Sophrone après la reddition de Jérusalem a proposé au Calife Omar Ibn al-Khattâb (que Dieu l'agrée), le Pacte suivant:

"Au nom de Dieu, le Tout Miséricordieux, le Très Miséricordieux, Message adressé de la part des Chrétiens au serviteur de Dieu, Omar Ibn al Khattab, Commandeur des Croyants.

Lorsque vous êtes venus dans ce pays contre nous, nous avons sollicité le sauf-conduit (*amân*) pour nous-mêmes, pour nos descendants, nos biens et nos frères dans la religion et toute notre communauté. Nous nous engageons à respecter le pacte (serment) suivant :

- Nous ne construirons pas dans nos villes ou dans les alentours de nos villes des églises, des couvents ou des refuges pour les ascètes ; ni ne restaurerons, dans la nuit ou durant le jour, ces sites qui s'écrouleront et qui se situent dans les quartiers musulmans.
- Nous laisserons les portes de nos maisons ouvertes pour les passants et les voyageurs. Nous accueillerons les Musulmans qui passent chez nous pendant trois jours.
- Nous n'abriterons pas dans nos églises ou dans nos habitations d'espions, ni ne les cacherons des Musulmans.
- Nous n'enseignerons pas le Coran à nos enfants.
- Nous ne manifesterons pas notre religion publiquement et nous ne procéderons pas à propager notre religion (prosélytisme) et nous n'empêcherons pas quiconque des nôtres de se convertir à l'Islam, si c'est leur volonté.
- Nous montrerons tout le respect envers les Musulmans, et nous leur offrirons notre siège s'ils désirent s'asseoir.
- Nous ne tenterons pas d'imiter les Musulmans : habits, toques, turbans ou arrangement de cheveux.
- Nous n'adopterons pas leur style dans l'écriture, et nous ne prêterons pas leurs appellations.
- Nous ne chevaucherons pas des juments ni des chevaux.
- Nous ne porterons pas d'épée ni ne posséderons ni ne porterons des armes.
- Nous n'emploierons pas de lettres arabes pour nos sceaux.
- Nous ne vendrons pas de boissons alcoolisées.
- Nous inclinerons nos têtes devant les Musulmans.

- Nous porterons toujours le même habit et de la même façon dans tous les endroits, et notre ceinture sera tenue par une cordelière.
- Nous n'élèverons pas nos voix lorsque nous accompagnerons nos morts, et nous ne prierons pas à haute voix dans les lieux visités par les Musulmans ou dans les lieux publics, et nous n'inhumerons pas nos morts près des cimetières musulmans.
- Nous ne prendrons pas d'esclaves qui étaient avec des Musulmans.
- Nous ne mettrons pas la croix et nos livres sur les chemins empruntés par les Musulmans.
- Nos demeures ne devront pas surplomber des demeures musulmanes.

Ces conditions ont été signées par nous et nos frères dans la religion pour obtenir la paix.

Dans le cas de non-observation de l'une de ces clauses, nous ne serons pas traités comme les gens du Livre (*dhimmites*) et nous mériterons la punition infligée à l'ensemble de la population.

Le patriarche de Jérusalem Sophrone, l'an 638.

Source : Antoine Sfeir, Brève histoire de l'Islam à l'usage de tous, Bayard, 2007, réédition 2012.

Le Calife Omar (que Dieu l'agrée), répondit : "Signez ce qu'ils proposent, mais ajoutez deux clauses à celles qu'ils proposent. Ils ne pourront acheter quiconque fait prisonnier par les Musulmans, et quiconque attaquera délibérément un Musulman abandonne la protection accordée par ce pacte."

Il est rapporté dans les Annales musulmanes qu'au moment des prières de *Zuhr* (midi), Sophrone invite Omar(que Dieu l'agrée), à prier dans la nouvelle église du Saint-Sépulcre. Omar (que Dieu l'agrée), refuse, craignant que l'acceptation de l'invitation ne puisse mettre en danger le statut de l'église comme sanctuaire chrétien et que les Musulmans ne brisent le traité pour la transformer en mosquée. Après être resté dix jours à Jérusalem, le calife retourne à Médine.

En 1187 (soit cinq cents ans plus tard), après avoir libéré Jérusalem des mains des Croisés, Salâh al-Dîn (Saladin), agissant dans le même esprit que son prédécesseur, invite les Juifs à revenir à Jérusalem.[25]

---

[25] Nathan Weinstock, "Renaissance d'une nation: Les Juifs de Palestine, de l'Antiquité à

Deuxième partie: la déclaration de Balfour

l'apparition du mouvement sioniste".

II.1 Le rassemblement des Juifs en Palestine à l'époque contemporaine

L'idée du monde occidental de rassembler les Juifs dans un Etat a commencé à l'époque de la campagne française de Napoléon Bonaparte en 1799, où il a invité les Juifs à se joindre à sa campagne pour construire la Vieille Ville de Jérusalem, et il a recruté un grand nombre d'entre eux dans son armée, mais sa défaite la empêché. Puis l'idée a recommencé à refaire surface, et de nombreux dirigeants occidentaux et des Juifs de haut rang ont commencé à s'y intéresser, et à créer de nombreuses associations en faveur de cela. .

La planification, de rassembler les Juifs dans un seul Etat, proprement dite a commencé lorsque Theodore Herzl, le leader sioniste, a publié son livre " L'État des Juif " en 1896 suite à l'affaire Dreyfus..

Affaire Dreyfus

L'affaire Dreyfus est une affaire d'État devenue un conflit social et politique majeur de la Troisième République, survenu en France à la fin du XIXe siècle autour de l'accusation de trahison faite au capitaine Alfred Dreyfus, un Juif, qui est finalement innocenté. Elle bouleversa la société française pendant douze ans, de 1894 à 1906.

Le journaliste austro-hongrois Théodore Herzl ressort profondément marqué de l'affaire Dreyfus dont il suit les débuts comme correspondant de la *Neue freie Presse* de Vienne, pour laquelle il assiste à la dégradation d'Alfred Dreyfus en 1895. L'affaire agit comme un catalyseur dans la conversion de Herzl. Devant la vague d'antisémitisme qui l'accompagne, Herzl se convainc de la nécessité de résoudre la question juive, qui devient une obsession pour lui.

Dans son livre *Der Judenstaat* (*L'État des Juifs*), il considère que :

" Si la France, bastion de l'émancipation, du progrès et du socialisme universaliste, peut se laisser emporter dans un maelström d'antisémitisme et laisser la foule parisienne scander "À mort les Juifs !", où ces derniers peuvent-ils encore être en sécurité, si ce n'est dans leur propre pays?"

L'assimilation ne résoudra pas le problème parce que le monde des gentils (les non-Juifs) ne le permettra pas, comme l'affaire Dreyfus l'a si clairement démontré.

Le choc est d'autant plus fort qu'ayant vécu toute sa jeunesse en Autriche, pays où existe un courant politique antisémite influent, Herzl a choisi d'aller vivre, en France pour l'image humaniste dont elle se prévaut, à l'abri

L'affaire Dreyfus marque aussi un grand tournant dans la vie de nombreux Juifs d'Europe centrale et occidentale, tout comme les pogroms de 1881-1882 l'avaient fait pour les Juifs d'Europe orientale.[26]

La Conférence de Bâle s'est tenue en Suisse en 1897, et Théodore Herzl dans son discours d'ouverture a déclaré: " Nous posons la première pierre de la construction de l'édifice qui abritera la nation juive." Il a ensuite proposé un programme qui appelait à encourager un large mouvement en Palestine et il a obtenir la reconnaissance internationale de la légitimité de la colonisation. L'une des décisions de cette conférence a été la création de l'Organisation Sioniste Mondiale pour atteindre les objectifs de la conférence, qui a également pris en charge la création de nombreuses sociétés solennelles et secrètes pour servir cet objectif.

Herzl et le refus du sultan Abdul Hamid

Herzl a proposé, par des intermédiaires, que la Grande-Bretagne restitue à l'Empire ottoman l'île de Chypre, qu'elle occupait en 1878, et que le mouvement sioniste s'efforce d'arrêter le soutien européen à la cause arménienne, qui commençait à menacer l'unité. de l'Empire ottoman en Anatolie orientale. Le sultan Abdul Hamid n'a pas accepté ces offres. Malgré cela, Herzl réussit, après une nouvelle médiation, à rencontrer le sultan Abdul Hamid, le 18 mai 1901. Lors de cette réunion, que Herzl a consignée dans ses mémoires, le sultan Abdul Hamid a déclaré très clairement : "Je ne poursuivrai jamais cette affaire. Je ne peux pas vendre ne serait-ce qu'une seule parcelle du pays parce qu'il n'est pas à moi, mais à mon peuple et les gens ont obtenu cet empire en versant leur sang. Ils l'ont ensuite nourri de leur sang, et nous le défendrons avec notre sang avant de permettre à quiconque de nous l'usurper. "

Bien que la réponse du sultan Abdul Hamid ait été catégorique et suffisante, Herzl ne s'est pas arrêté à ses tentatives répétées de faire des offres plus alléchantes. Peut-être que le sultan céderait et autoriserait la vente de la Palestine. Il a fait une offre financière attrayante de environ 1,5 million de livres sterling, disant: "Les Juifs vous supplient d'immigrer en Palestine sainte, et en réponse à vos ordres élevés et solennels, nous vous demandons de bien vouloir accepter leur don ."

---

[26] *Source Wikipédia l'Encyclopédie Libre l'affaire Dreyfus*

Depuis le lancement de la première conférence du mouvement sioniste à Bâle, le sultan suit l'activité du mouvement à travers ses services de renseignement en Europe, notamment les hauts dirigeants du mouvement comme Herzl et certains journalistes, rabbins et hommes d'affaires. Il réalisa leurs plans et objectifs à long terme.

Lors d'une deuxième réunion, le sultan expulsa Herzl et ceux qui l'accompagnaient. Abdul Hamid mentionna les détails de la réunion dans ses mémoires, dans lesquels il déclara: "Les Juifs ont beaucoup de pouvoir en Europe , et pour cette raison la plupart des pays européens favorisent l'immigration des Juifs en Palestine pour se débarrasser de la race sémitique qui s'est considérablement accru. C'est pourquoi nous devons nous opposer à l'idée d'installer des immigrants en Palestine. Le chef des sionistes, Herzl, ne parviendra pas à me convaincre de ses idées. Il cherche à sécuriser des terres pour ses frères Juifs en pratiquant l'agriculture en Palestine ".

Source: https://www.aljazeera.net/author/mohamed-shabaan-ayoub[27]

Les Juifs étudièrent la situation des colonisateurs et trouvèrent que la Grande-Bretagne était le pays le plus approprié dans ce domaine, car son désir de diviser la nation islamique coïncidait avec le désir des Juifs. pour une patrie nationale qui leur soit propre.

La plupart des pays arabes étaient sous contrôle de la Grande-Bretagne, alors les Juifs ont ourdi la conspiration avec elle, et ils ont pris une promesse de Balfour, Premier ministre britannique, puis ministre des Affaires étrangères en 1917, dans laquelle il annonçait que la Grande-Bretagne accordait aux Juifs le droit d'établir un foyer national pour eux en Palestine, et qu'elle s'efforcerait d'y parvenir.

Les évènements dramatiques de la seconde Guerre Mondiale ont poussé considérablement les Juifs d'Europe à émigrer en Palestine.

Les Juifs avaient commencé à migrer en Palestine à une époque où la Palestine était sous mandat britannique, de sorte que les Juifs ont pu, grâce à l'immigration, former un Etat dans l'Etat, et le gouvernement britannique les a protégés de l'oppression des musulmans, et les a traités avec tolérance, tout en traitant les musulmans avec sévérités.

Lorsque la Grande-Bretagne s'est affaiblie pour réaliser les aspirations des Juifs,

---

[27] ***Muhammad Shaaban Ayoub**
Chercheur en histoire et civilisation islamiques, et chercheur à l'Université du Caire.*

elle a renvoyé la question aux Nations Unies.

Les Etats-Unis, qui à leur tour ont pris le relais du soutien britannique.

Les Nations-Unies ont envoyé leurs comités en Palestine, puis ces comités ont décidé de diviser la Palestine entre Musulmans et Juifs le 29/11/1947.

Le gouvernement britannique a alors décidé de se retirer de Palestine, laissant le pays à son peuple, après qu'il ait été confirmé que les Juifs sont capables de prendre les rênes, dès son départ en mai 1948. Les Juifs ont déclaré leur Etat, qui a été reconnu par les Etats-Unis après onze minutes, et la Russie l'avait précédé.

Cet Etat juif a pu se tenir debout, et lutter contre les Arabes qui n'étaient pas d'accord avec ce partage.

A côté du sionisme juif un autre courant plus important qui soutient l'existence d'Israël et moins connu par un large public mais très puissant: il s'agit du sionisme chrétien.

II.2 Le sionisme chrétien

II.2.1 Grace Halsell "Prophétie et politique: L'alliance secrète entre Israël et la droite chrétienne américaine."

Dans son livre, l'éminente journaliste Grace Halsell [28]nous présente son opinion sur l'alliance judéo-chrétienne. Elle parle ici des groupes fondamentalistes chrétiens et évangéliques, et de la croyance fondamentaliste chrétienne selon laquelle le monde se terminera par une bataille sanglante appelée Armageddon[29], et ils y voient le salut de toute l'humanité et quelque chose d'inévitable qui doit arriver.

C'est le soutien des fondamentalistes chrétiens pour l'État d'Israël d'accomplir la prophétie de a Bible, la réalisation de cette bataille et le retour de Christ.

Le livre aborde également la réponse à la question: quel est le secret de l'étrange lien entre le sort et les intérêts de l'Amérique et le sort et les intérêts d'Israël? Le

---

[28] *Grace Halsell était une journaliste et écrivaine américaine.*
Née le 7 mai 1923, Lubbock, Texas, États-Unis. Décédée le 16 août 2000, Washington, États-Unis
Enseignement : Université Columbia, Université Texas Tech, Texas Christian University
[29] ***Armageddon*** *" montagne de Megiddo ", terme biblique est le lieu symbolique de rassemblement pour la bataille entre les rois de la terre et le Dieu Tout-Puissant.*

livre regorge des documents et des preuves avec lesquels l'écrivain soutient son opinion.

II.2.2 Le **sionisme chrétien: un soutien majeur à Israël** .

Le sionisme chrétien est un courant chrétien selon lequel la création de l'État d'Israël en 1948 est en accord avec les prophéties bibliques et prépare le retour de Jésus (Paix sur Lui) comme Christ en gloire de l'Apocalypse.

Les évangéliques considèrent que l'existence même de l'État d'Israël ramènera Jésus (Paix sur Lui) sur terre, le fera définitivement reconnaître comme Messie et assurera le triomphe de Dieu sur les forces du mal, pendant que le peuple juif se convertira au christianisme.

Le sionisme chrétien s'est progressivement développé aux États-Unis, où il est devenu une composante de la droite évangélique et bénéficie de la bienveillance du conservatisme sociétal.

Histoire du sionisme chrétien

Le restaurationnisme, début du sionisme chrétien

Des théologiens protestants comme les Britanniques Joseph Mede (1586-1635) et Richard Baxter (1615-1691), interprétant les prophéties de l'Ancien Testament, commencèrent à prédire une conversion massive des Juifs au christianisme et leur restauration en Israël.

En 1621, Sir Henry Finch (1558-1625), membre du Parlement britannique affichant un protestantisme fervent, publia un ouvrage d'exégèse biblique intitulé *The World's Great Restauration, or the Calling of the Jews* dans lequel il prédisait le retour imminent des douze tribus d'Israël en Terre Sainte.

Un écrivain et diplomate français, Isaac La Peyrère (1596-1676), secrétaire du prince de Condé, a exprimé à plusieurs reprises des points de vue théologiques en faveur d'un retour des Juifs en Palestine.

Aux XVIIIe et XIXe siècles, un courant chrétien proto-sioniste s'installa progressivement au cœur de l'Angleterre : le *restaurationnisme*.

Le désir de restaurer les Juifs en Terre Sainte s'accompagnait souvent du vœu de les convertir : au cœur des efforts missionnaires résidait l'idée que la conversion des Juifs était un préalable au retour du Christ et à l'avènement de la fin des temps.

Au XIXe siècle, le proto-sionisme chrétien se répandit progressivement dans différentes confessions chrétiennes américaines.

En 1891, le premier document américain en faveur du sionisme fut publié par un chrétien, sous la forme d'une pétition "en faveur de la restauration de la Palestine aux Juifs et présenté au président des États-Unis Benjamin Harrison.

Encouragé par les dirigeants sionistes Nathan Strauss et Louis Brandeis, l'auteur de la pétition, William Blackstone, parvint à présenter en 1917 au président Woodrow Wilson une nouvelle version de sa pétition qu'il accueillit favorablement.

William Hechler, chrétien restaurationniste germano-britannique, rencontra le 10 mars 1896 à Vienne Théodore Herzl, théoricien du sionisme juif moderne. Une amitié et une collaboration entre les deux hommes s'ensuivit. Hechler étant tuteur du prince héritier du grand-duc de Bade, il réussit à organiser en 1898 deux rencontres entre Théodore Herzl et Guillaume II qui contribuèrent à crédibiliser le sionisme.

Les dirigeants sionistes surent faire jouer la fibre religieuse des dirigeants chrétiens qu'ils rencontraient. Ainsi, Chaïm Weizmann connaissait les influences familiales philosémites et restaurationnistes de David Lloyd George, ministre des Finances puis Premier ministre britannique de 1916 à 1918.

De même, **Arthur Balfour, homme pieux, était profondément séduit par la perspective du rétablissement d'un pouvoir juif en Palestine.**

Le sionisme chrétien et l'État d'Israël depuis 1948

La naissance d'Israël a ému de nombreux chrétiens évangéliques dans le monde entier..

Les évangéliques dressèrent un parallèle entre la proclamation officielle de la création d'Israël et les versets *d'Ésaïe 66 : 7-8 affirmant qu'un pays ne peut naître en un jour, si ce n'est celui du peuple élu.*

7.Avant de se tordre de douleur, elle a accouché; avant de connaitre la souffrance, elle a donné naissance à un fils.

Le président Harry Truman était très pieux et récitait souvent ce dernier verset, ce qui le conduisit à reconnaître, contre les recommandations du département d'État, l'État d'Israël, seulement onze minutes après qu'il eut été proclamé. Le président Harry Truman, affirma : " Je suis Cyrus, je suis Cyrus ", référence au roi perse qui autorisa les Juifs à rentrer à Jérusalem et donna l'ordre de reconstruire le Temple de Jérusalem détruit par Bakhtansar.(voir première partie point I.9.4 "Les autres périodes").

Ému par l'aventure israélienne, sioniste passionné, le pasteur, théologien et docteur en linguistique sémitique G. Douglas Young a beaucoup contribué au rapprochement entre évangéliques et Israéliens. Il fonda en 1957 un institut rebaptisé Jerusalem University College qui, en 1971, organisa une conférence à laquelle participèrent plus de 1 500 délégués venus de 30 pays qui célébra l'unité de Jérusalem sous contrôle juif

Le Premier ministre israélien de 1977 à 1983, Menahem Begin, encouragea les croyances des sionistes chrétiens. Il cultiva ses liens avec un certain nombre de dirigeants évangéliques fondamentalistes.

L'élection d'un président républicain dont la diplomatie était orientée par les néoconservateurs très favorables à Israël et hostiles aux États arabes antisionistes et le traumatisme provoqué par les attentats du 11 septembre 2001 ont donné aux chrétiens sionistes l'occasion de peser davantage politiquement. Les références à un combat commun aux États-Unis et à Israël se sont multipliées dans le discours politique américain.

En 2006, John Hagee fonda la Christians United for Israel (CUFI), un groupe de pression qui est rapidement devenu le plus gros réseau de chrétiens favorables à Israël.

Les chrétiens sionistes ont relayé les options néoconservatrices en faveur d'Israël et hostiles à toutes décisions allant dans le sens d'un abandon de la terre promise par Dieu au peuple juif.

Ainsi, la décision du gouvernement d'Ariel Sharon de se retirer de la bande de Gaza en 2005 a été très mal perçue par ces milieux, qui y voient la destruction d'un projet devant permettre le retour de Jésus-Christ (Paix sur Lui) . Un des pasteurs connu de la droite religieuse américaine (Pat Robertson) a ainsi sous-entendu le 6 janvier 2006 dans son émission *Le Club 700* que l'accident vasculaire cérébral d'Ariel Sharon était une vengeance divine contre le retrait de Gaza : " Dieu éprouve de l'hostilité à l'égard de ceux qui divisent Sa terre […] Et à chaque Premier ministre d'Israël qui décide de la découper et d'y renoncer, Dieu dit : " Non, ceci est Mien ". Ariel Sharon divisait la terre de Dieu ", déclaration qui semble aussi interpréter l'assassinat de Yitzhak Rabin comme une punition divine. Cette attitude explique que les sionistes chrétiens soient aux États-Unis hostiles à toute intervention américaine en faveur de négociations israélo-palestiniennes. Ils influencent dans ce sens certains députés ou sénateurs républicains.

Relations entre le sionisme chrétien et le sionisme juif

Bien que l'objectif des sionistes chrétiens ne soit pas le même que celui des Juifs sionistes puisqu'il implique à terme la conversion de ces derniers, ce courant de pensée représente un soutien fervent aux sionistes religieux les plus radicaux pour la fondation du " Grand Israël ", c'est-à-dire Israël dans ses frontières bibliques, incluant les territoires palestiniens, voire au-delà.

Une fois intégrée l'idée selon laquelle le peuple juif est resté le peuple élu, les chrétiens sionistes lisent la Bible en interprétant littéralement les mentions qui y sont faites du peuple juif, de Jérusalem, d'Israël. À la lumière de cette interprétation, de nombreux versets bibliques indiquent que Dieu a donné la Terre Sainte aux Juifs.

Pour les chrétiens sionistes, aimer et apporter son soutien à Israël ne relève pas du choix, car il s'agit d'un ordre divin : Dieu demande à ses fidèles de prier pour la paix de Jérusalem (Psaumes 122 : 6), de ne point se taire pour l'amour de Sion (Ésaïe 62 : 1), de consoler le peuple juif (" Consolez, consolez mon peuple dit votre Dieu " (Ésaïe 40 : 1), Jésus affirme que " le salut vient des Juifs " (Jean 4 : 22).

Le sionisme chrétien et les récits apocalyptiques

C'est dans les textes bibliques prophétiques et eschatologiques que les chrétiens sionistes fondent également leurs conceptions favorables au peuple juif et à l'État d'Israël : livres d'Ézéchiel et Daniel et Apocalypse de Jean.

- **Le Livre d'Ézéchiel annonce la restauration des Juifs sur leur terre et la destruction des envahisseurs futurs. Ézéchiel annonce que Dieu se lèvera pour protéger son peuple, massacrer les ennemis d'Israël et juger les hommes. La promesse abrahamique sera tenue, les Juifs dispersés parmi les nations seront ramenés sur leur terre et le Temple sera reconstruit ;**
- Le Livre de Daniel prédit la montée en puissance de divers royaumes, ennemis d'Israël, qui seront finalement vaincus par Dieu à la fin des temps ;
- L'Apocalypse de Jean, qui est le texte eschatologique chrétien le plus développé, fait référence à **la Bête et à son signe (666)** et à la confrontation finale du Bien et du Mal.

Pour les chrétiens évangélistes, ces prophéties sur la fin des temps font explicitement référence au peuple juif. Les chrétiens évangélistes sont en désaccord sur l'interprétation des versets 20 : 1-6 de l'Apocalypse de Jean : la question est de savoir si Jésus viendra au début ou à la fin du " millénium", période conclusive de l'histoire humaine se terminant par mille ans de paix, prospérité et justice. La première opinion s'est répandue chez les évangéliques, pessimiste car elle affirme que seul le retour de Jésus peut apporter la justice aux hommes incapables de la créer eux-mêmes. Il faut donc hâter le retour du Christ pour qu'advienne le règne millénaire du Christ, mais pour hâter ce retour, il faut organiser celui des Juifs dans la terre qui leur a été donnée par Dieu.

Pour les sionistes chrétiens, les Juifs, peuple terrestre de Dieu, connaîtront la période des Tribulations, précédant le millénium. L'Antéchrist, qui pourrait être un Juif selon le pasteur sioniste chrétien Jerry Falwell, après avoir promu la paix dans le monde et unifié celui-ci et protégé Israël, se retournera contre le peuple juif et en particulier contre ceux qui se convertiront au christianisme. À l'issue de cette période, Dieu ayant vaincu son ennemi lors de la bataille d'Armageddon, les Juifs se convertiront et reconnaîtront en Jésus leur Messie et alors le jugement dernier pourra avoir lieu et le millénium s'accomplir.

Selon Albert de Pury, professeur à la faculté de théologie de l'université de Genève : " dès le XIXe siècle, les sionistes chrétiens s'engagent, des années avant les sionistes juifs, pour la création d'un État d'Israël en Palestine. Ils sont certes émus par les souffrances du peuple juif, s'élèvent contre l'antijudaïsme chrétien, mais voient surtout dans ce futur État la réinstauration de l'ancien Israël annoncée par des prophéties bibliques."

Un homme politique britannique comme Lord Balfour (sa déclaration de 1917) prévoit l'établissement d'un foyer national juif en Palestine) appartenait à ce courant évangéliste ».

Source: Wikipédia. L'encyclopédie Libre.

II.3 L'Apocalypse

La vision de l'Apocalypse est très développée dans l'Islam.

Avant la rétribution des récompenses ou des punitions de l'Homme selon ses actes, il y a les signes de la Fin du Monde, puis l'Apocalypse et enfin la rétribution: Paradis ou Enfer.

Tout cela est planifié par Dieu (Louange à Lui) et va se dérouler prévu et mentionné dans le Saint Coran et les hadith prophétiques.

II.3.1 La vision musulmane des signes mineurs de l'Apocalypse.

Selon les hadiths prophétiques, il y aura une grande épopée et une grande guerre entre les Romains et les Musulmans à la fin des temps, avant l'émergence de l'Antéchrist. Cette bataille aura lieu après que les Musulmans et les Romains furent victorieux dans le combat. côte à côte contre un ennemi commun. Après leur victoire, un conflit éclate dans lequel un Chrétien prétend que la croix a apporté la victoire, ce à quoi un Musulman répond que Dieu a été victorieux, puis brise la croix, trahissant ainsi les Romains. La guerre commence. Dans cette bataille, le camp musulman sera à la Ghouta de Damas et le camp romain à Dabiq de Alep.

Dans cette bataille, un tiers de l'armée musulmane sera tué, un tiers fuira et l'autre tiers sera victorieux. Ils continueront à avancer jusqu'à ce qu'ils conquièrent Constantinople, puis l'Antéchrist apparaîtra.

Pendant que les Musulmans partageaient le butin, ils suspendirent leurs épées à l'olivier, lorsque Satan leur cria : " Le Messie vous a succédé parmi vos familles ".

À gauche, pendant qu'ils se préparaient au combat, ils redressèrent les rangs, tandis que la prière était établie, et Jésus, (Paix sur Lui), descendit et pria. Ainsi, il les conduisit, et si l'ennemi de Dieu l'a vu, il fondrait comme le sel se dissout dans l'eau.

Donc, il existe une croyance musulmane en une bataille majeure à la fin des temps qui aura lieu entre les Musulmans et les Romains, et l'affaire se termine par la victoire des Musulmans dans la bataille.

Le Prophète Mouhammad (Paix et bénédictions sur Lui), a dit que l'Heure ne viendrait pas tant que les Musulmans n'auraient pas combattu les Juifs, et ne les auront pas tués. Le Juif se cachera derrière la pierre et l'arbre, et la pierre ou l'arbre dira : Ô musulman, ô *Abdallah* (serviteur de Dieu), c'est un Juif derrière moi, alors viens le tuer, sauf le *gharqad* (lycium shawii) car c'est l'un des arbres des Juifs. (Rapporté par Muslim dans son Sahih sous l'autorité d'Abou Hurairah).

Ibn Omar (Dieu l'agrée) a déclaré avoir entendu le Messager d'Allah (Paix et bénédictions sur Lui) dire : Vous combattrez les Juifs et aurez le dessus sur eux de sorte que la pierre dira : ô Musulman ! Voici un Juif caché derrière moi viens le tuer . (rapporté par al-Boukhari, n° 3593).

Ce sont des hadiths authentiques que les musulmans croient profondément.

II.3.2 Après les signes mineurs viendra tour de la Résurrection[30]

1. La connaissance de l'Heure "elm alsaa".

Nul ne peut connaitre l'Heure de la Fin du Monde, ni l'Homme, ni les anges et ni les diables.

La connaissance de l'Heure de la fin du Monde est une connaissance divine absolue sans partage. Elle est mentionnée plusieurs fois dans le Saint Coran.

Sourate 31 : LUQMAN (LUQMAN)

*34. **La connaissance de l'Heure est auprès d'Allah**; et c'est Lui qui fait tomber la pluie salvatrice; et Il sait ce qu'il y a dans les matrices. Et personne ne sait ce qu'il acquerra demain, et personne ne sait dans quelle terre il mourra.*

Certes Allah est Omniscient et Parfaitement Connaisseur.

Sourate 22 : AL-HAJJ (LE PÈLERINAGE)

*1. Ô hommes ! Craignez votre Seigneur. Le séisme [qui précédera] **l'Heure** est une chose terrible .*

---

[30] *Mohamed Mahyoub Hatem "La Divine Planification. Editions Croix de Salut "Pages 68 et 69*

2. Le jour où vous le verrez, toute nourrice oubliera ce qu'elle allaitait, et toute femme enceinte avortera de ce qu'elle portait. Et tu verras les gens ivres, alors qu'ils ne le sont pas. Mais le châtiment d'Allah est dur.

3. Et il y a des gens qui discutent au sujet d'Allah sans aucune science, et qui suivent tout diable rebelle.

4. Il a été prescrit à l'égard de ce dernier qu'il égarera quiconque le prendra pour maître, et qu'il le guidera vers le châtiment de la fournaise.

*7. **Et que l'Heure arrivera; pas de doute à son sujet**, et qu'Allah ressuscitera ceux qui sont dans les tombeaux.*

2. Les signes avant la Fin du Monde

Plusieurs signes mineurs sur l'Heure ont été révélés par le Prophète (Paix et bénédiction sur Lui) soient environ 90%.

Parmi les signes révélés:

- La mère donnera naissance à sa maitresse.
- Des bergers, nu pieds, se concurrenceront dans la construction des hauts bâtiments.
- L'émergence de la *fitna* (la zizanie), c'est-à-dire ici, l'insécurité, le meurtre sans raison, à un tel point qu'un homme tue un autre homme sans savoir pourquoi il l'a tué, et celui qui a été tué ne sait pas pourquoi il a été tué.
- La confiance en la justice sera perdue.
- Les gens feront confiance à ceux qui les trahiront, et les dignes de confiance seront accusés.
- L'augmentation du suicide.
- L'homme qui obéit à sa femme et désobéit à sa mère.
- La propagation de l'adultère, ainsi que sa légalisation.
- L'imitation, par certains musulman, des Juifs et des Chrétiens, en tout.

Les plus grands signes ne sont pas encore manifestés:

Les grands signes de la fin du monde (Apocalypse) sont au nombre de dix :

1. La sortie de *ad-dajjâl*, le charlatan ou l'imposteur, on l'appelle aussi le borgne et le faux messie (l'antéchrist).

2. La descente de Jésus (Paix sur Lui) du Ciel.

3. La sortie de *Ya'joūj* et *Ma'joūj* (le peuple de Gog et Magog)].

4. Le lever du soleil à partir de son couchant.

5. La sortie de la bête de la terre (animal particulier) *ad-dâbbah*.(voir point II2.2 Le sionisme chrétien et les récits apocalyptiques)

6. Une fumée va descendre et se propager sur terre. Le non-musulman faillira mourir de cette fumée quant au musulman, elle aura comme l'effet d'un rhume sur lui.

7. Trois ouvertures dans la terre qui ensevelira ce qui est dessus ; ce sont trois fissures : une à l'Est, une à l'Ouest et une dans la Péninsule arabique.

Les trois ouvertures constituent chacune un signe distinct.

10. Un feu qui va venir du fond d'Aden, qui est une terre au Yémen ; les gens vont se diriger vers l'Ouest pour échapper à ce feu.

Les Juifs et les Chrétiens rejoignent le point de vue du Saint Coran sur le retour des Juifs à la Terre Sainte et ceci fait partie de la divine planification sauf que les points de vue diffèrent .

Le tableau n°3 montre l'arrivée du Messie dans les 3 religions monothéistes avant la fin du temps.

	Juifs	Chrétiens	Musulmans
Le messie	Un homme issu de la lignée du Roi David	Jésus Christ	Jésus Christ avant Lui arrivée d'AlMahdi
Lieu	La Terre. La guerre que mènera Gog et Magog contre Israël. Dieu interviendra et sauvera Israël.	Armageddon près de Jénine en Palestine	-la Ghouta de Damas contre les Romains -Jérusalem musulmans contre les Juifs
Période	Avant l'Apocalypse	Avant l'Apocalypse	Avant l'Apocalypse
Objectif	Le monde à venir sera une ère de paix.	Hâter le retour du Christ.	La descente du Christ du Ciel et la mort de l'antéchrist.
Résultat	Le triomphe de Dieu et celui de son peuple, les enfants d'Israël.	Le règne millénaire du Christ,	Le triomphe des musulmans

Source: Dr Mohamed Mahyoub Hatem

L'Apocalypse est une vision des trois religions monothéistes, même si elle est différente et elle est beaucoup plus développés en Islam.

II.4 La Déclaration de Balfour et ses conséquences

La Déclaration de Balfour est le nom commun donné à la lettre envoyée par l'ancien ministre britannique des Affaires Etrangères Arthur James Balfour le 2 novembre 1917 à l'homme d'affaire et richissime juif Lord Lionel Walter de Rothschild, membre éminent de la communauté juive britannique soutenant le mouvement sioniste.

Le texte du message de la Déclaration de Balfour:

Cher Lord Rothschild,

J'ai le plaisir de vous adresser, au nom du gouvernement de Sa Majesté, la déclaration ci-dessous de sympathie à l'adresse des aspirations sionistes, déclaration soumise au Cabinet et approuvée par lui.

Le gouvernement de Sa Majesté envisage favorablement l'établissement en Palestine d'un foyer national pour le peuple juif, et emploiera tous ses efforts pour faciliter la réalisation de cet objectif, étant clairement entendu que rien ne sera fait qui puisse porter atteinte ni aux droits civiques et religieux des collectivités non juives existant en Palestine, ni aux droits et au statut politique dont les Juifs jouissent dans tout autre pays.

Je vous serais reconnaissant de bien vouloir porter cette déclaration à la connaissance de la Fédération sioniste.

Arthur James Balfour

Ministère britannique des Affaires Etrangères

2 novembre 1917

67 mots publiés dans le journal britannique Times du 9 novembre 2017 ont créé un conflit qui a transformé le Moyen Orient. Un conflit qui fait encore des nombreuses victimes.

Les raisons qui ont incité la Grande-Bretagne à publier la Déclaration de Balfour

Quant aux raisons qui ont poussé la Grande-Bretagne à faire cette promesse, il y a plus d'une explication à cela, dont la plus importante est que la Grande-Bretagne voulait obtenir le soutien de la communauté juive aux Etats-Unis pendant la Première Guerre mondiale en raison de sa grande influence là-bas pour pousser les Etats-Unis à participer à la guerre aux côtés de la Grande-Bretagne mais également l'appui financier des riches juifs sionistes.

Une autre interprétation est la croyance que l'Ancien Testament garantit le droit d'Israël à la Palestine. C'est ce que nous avons démontré dans la première partie .

Nous avons mentionné dans la première section que cette idée est un mythe et que les Juifs n'ont plus de droit divin sur la Palestine.

La lettre de Balfour n'inclut pas le mot " Etat " mais parle d'un foyer national pour le peuple juif et souligne que rien ne sera fait qui puisse affecter les droits civils et religieux d'autres groupes vivant en Palestine.

La lettre était l'expression la plus claire de la sympathie de la Grande-Bretagne pour les efforts du mouvement sioniste pour établir une patrie juive en Palestine, dans laquelle Balfour demandait à Rothschild d'informer les dirigeants du mouvement sioniste au Royaume-Uni et en Irlande de la position du gouvernement britannique sur les efforts du mouvement.

En 1926, le roi George V de la Grande-Bretagne adopte la déclaration de Balfour.

Qui est James Balfour?

Arthur James Balfour est né en 1848 à Whittingham, aujourd'hui connu sous le nom de Lothian, en Ecosse. Après avoir terminé ses études initiales au cours desquelles il a étudié les enseignements de l'Ancien Testament, il a terminé ses études de troisième cycle à Eton Collège et à l'Université de Cambridge, en Angleterre.

Elu pour la première fois au Parlement en 1874, Balfour a été Premier ministre d'Ecosse en 1887, ministre en chef de l'Irlande de 1887 à 1891, premier chancelier de l'échiquier de 1895 à 1902 et Premier ministre de 1902 à 1905.

Il s'opposait à l'immigration juive en Europe de l'Est par crainte de leur installation en Grande-Bretagne, et pensait qu'il était préférable pour la Grande-Bretagne d'utiliser ces Juifs pour soutenir la Grande-Bretagne depuis l'extérieur de l'Europe.

Impressionné par la personnalité du dirigeant sioniste Chaïm Weizmann, qu'il a rencontré en 1904, Balfour a traité le sionisme comme une force capable d'influencer la politique étrangère internationale, en particulier sa capacité à persuader le président américain Wilson de participer à la Première Guerre mondiale aux côtés de la Grande-Bretagne. Lorsqu'il a été secrétaire d'Etat dans le gouvernement de Lloyd George de 1916 à 1919, il a publié sa déclaration en 1917 avec cette vision à l'esprit.

La première visite de Balfour en Palestine a eu lieu en 1925 lorsqu'il a participé à l'ouverture de l'Université hébraïque, et des manifestations se sont étendues dans la plupart des territoires palestiniens contre sa déclaration de 1917.

Balfour a dirigé le Parti conservateur pendant plus de vingt ans, servant comme président de la Chambre des lords pendant cinq ans, de 1924 à 1929. Balfour est décédé à l'âge de 82 ans .

Quelques années après la Déclaration de Balfour, en 1920, l'armée britannique occupa complètement la Palestine, et la Grande-Bretagne fut mandatée par la Société des Nations (aujourd'hui les Nations Unies); le mandat pour la Palestine fut administré par le Haut-Commissaire britannique qui y exerça pleinement tous les pouvoirs administratifs et législatifs.

En 1948, la Grande-Bretagne a quitté la Palestine et, selon l'histoire palestinienne, la Grande-Bretagne a remis des terres palestiniennes à des "organisations sionistes armées".

Ces organisations sionistes ont commis des massacres contre les Palestiniens et les ont déplacés de leurs terres pour y établir leur Etat. Cet incident était connu des Palestiniens sous le nom de **" Nakba "**

Les trois quarts de la Palestine sont alors tombés sous contrôle israélien, tandis que la Jordanie dirigeait la Cisjordanie et la bande de Gaza passait sous administration égyptienne.

Dix-neuf ans plus tard, en 1967, Israël a occupé la Cisjordanie (y compris Jérusalem-Est), la bande de Gaza ainsi que la péninsule du Sinaï et le plateau du Golan syrien.

Après la signature des accords d'Oslo entre Israël et l'OLP en 1993, la Cisjordanie (à l'exception de Jérusalem) et la bande de Gaza sont passées sous l'autonomie palestinienne.

II.5 La Nakba

Le terme arabe "**Nakba**" signifie " catastrophe " ou " désastre".

De nos jours, dans le monde arabe, il désigne généralement l'exode palestinien de 1948, soit la fuite ou l'exil forcé de plusieurs centaines de milliers d'habitants de la Palestine mandataire pendant la guerre de 1948-1949 opposant Israël et les pays arabes voisins. La Nakba a eu des effets politiques, culturels et psychologiques majeurs dans l'ensemble du monde arabe. Le mot Nakba est parfois aussi utilisé pour décrire ces effets. On parle alors de la "Nakba continuelle".

Le souvenir de la Nakba joue un rôle important dans le monde arabe. Elle est commémorée chaque année le 15 mai, **jour de la Nakba**. Par ailleurs, certains dirigeants autoritaires et mouvements islamistes font appel au désir de venger la Nakba pour justifier la lutte armée contre Israël.

En Israël, l'utilisation du terme est interdite dans les manuels scolaires.

Acception antérieure du mot

Avant la création de l'État d'Israël, le mot Nakba a eu une autre signification. Constantin Zureik, historien syrien grec orthodoxe qui a popularisé le terme dans son acception contemporaine, explique que Nakba se référait communément à la bataille de Maysalun (25 km à l'Est de Damas) qui opposa, en 1920, l'armée française à la révolte arabe menée par Faysal (qui deviendra Faysal Ier, roi d'Irak) et qui ouvrit la route de Damas aux troupes françaises.

En 1948, Constantin Zureik publie à Beyrouth "La signification de la catastrophe". Pour lui, la Nakba est l'échec des armées arabes dans leur objectif d'empêcher la création d'Israël, afin d'éviter la partition du territoire palestinien (bien plus que le déplacement forcé des Palestiniens et l'impossible retour) ; la lutte contre Israël ne pourra être gagnée " tant que les Arabes restent figés dans leurs conditions actuelles. " Il écrit :

" La défaite des Arabes en Palestine n'est pas une calamité passagère ni une simple crise, mais une catastrophe (Nakba) dans tous les sens du terme, la pire qui soit arrivée aux Arabes dans leur longue histoire pourtant riche en drames. "

Cette catastrophe n'affecte pas seulement la Palestine, mais promet des impacts importants sur l'ensemble du monde arabe. Il défend donc la consolidation du nationalisme arabe comme seul rempart possible, et estime que de profondes transformations sont ainsi nécessaires au sein de la société arabe pour espérer gagner la bataille contre Israël. Ses idées modernistes inspirées des mouvements intellectuels occidentaux, caractérisent le mouvement nationaliste arabe.

En 2011, l'écrivain libanais Elias Khoury propose une relecture critique de l'ouvrage fondateur de Constantin Zureik :

"Ce qu'il n'avait pas compris à l'époque, c'est que la Nakba n'est pas un événement mais un processus. Les confiscations de terres n'ont jamais cessé. Nous vivons toujours dans l'ère de la Nakba."

Des dirigeants arabes (Saddam Hussein, Hafez el-Assad, Mouammar Kadhafi), des mouvements islamistes et les dirigeants actuels de l'Iran font appel au désir de venger la Nakba pour justifier la lutte armée visant à éliminer Israël.

Israël a pris le contrôle de 774 villes et villages palestiniennes, pendant la Nakba, dont 531 villes et villages qui ont été totalement détruits par les milices sionistes qui ont également perpétré plus de 70 massacres au cours des événements de la Nakba, tuant plus de 15 000 Palestiniens, selon le Bureau central palestinien.

Selon un rapport du Bureau central palestinien des statistiques, environ 134 000 Palestiniens et Arabes ont été tués à l'intérieur et à l'extérieur de la Palestine, depuis 1948.

II.6 Le mythe du slogan une terre sans peuple pour un peuple sans terre

Le révérend écossais Alexander Keith a utilisé en 1843 le premier le slogan « Une terre sans peuple et un peuple sans terre » après son voyage de quatre années en Terre Sainte.

La Palestine est une terre sans peuple pour un peuple sans terre, une idée promue par des dirigeants sionistes tels qu'Israël Zangwell et Théodore Herzl qui a abouti à l'un des plus grands désastres humanitaires du XXe siècle : la déportation des Palestiniens.

Ce slogan signifie qu'il y a une " terre sans peuple" qui est la terre de Palestine qui devrait être donnée à un " peuple sans terre ", qui sont les Juifs.

En 1947, le plan de partage de la (première) Palestine, établi par la communauté internationale, a accordé 55 % du territoire à l'État juif. Le tiers de la population

(33,7 %) était juif (668 000). En ce premier quart de siècle, les ordres de grandeur ont changé : le Conseil des implantations juives veut un million d'Israéliens dans la seule Cisjordanie (non annexée) en 2020, soit 1,7 million en Cisjordanie et à Jérusalem-Est. C'est un chiffre énorme.[31]

Il convient de mentionner que cette revendication comporte deux parties, la première est une terre sans peuple, qui est la fausse partie de la revendication ou du slogan, et la seconde partie est (un peuple sans terre) et cette partie du slogan ou de la revendication n'est pas non plus vraie, car les Juifs n'étaient pas autrefois un peuple, mais ce sont des gens qui suivaient la religion juive et ne sont unis que par la religion, alors que le peuple doit avoir des caractéristiques générales telles que l'unité de langue, le destin et la résidence sur une terre sous une seule autorité et cela n'est pas disponible chez ceux qui suivent le Judaïsme.

Par conséquent, ce slogan reste complètement faux dans les deux aspects.

Il faut également noter que les Juifs sont d'origine européenne et vivent en Europe. Selon ce qui s'est passé dans l'accord Sykes-Picot à San Remo, en Italie, le résultat de ces accords a été que la puissance mandataire de Palestine (Grande-Bretagne) a mis en œuvre la Déclaration de Balfour, " une terre sans peuple à un peuple sans terre."

TABLEAU 4. Population palestinienne et juive (milliers) sous le Mandat britannique avant la création d'Israël.

Année	Palestiniens	juifs	Total	% juifs
1922	668	84	752	11,2
1931	858	175	1033	16,9
1937	997	386	1383	27,9
1945	1238	608	1846	32,9
1947	1305	650	1955	33,2

Sources : *1922 et 1931 : recensements ; 1937 : estimation ; 1945 : enquête anglo-américaine ; 1947 : projection, d'après MidEast Web : « Population of Ottoman and Mandate Palestine Prior to 1948 », http://www.mideastweb.org/palpop.htm*

---

[31] *Deux phases de la démographie de la Palestine, 1872-1948 et 1967-2025 Aspects comparatifs. Youssef Courbage. p. 307-329 Open Edition Books*

La Loi du retour amendée le 10 mars 1970 considère comme juive toute personne née d'une mère juive ou convertie au judaïsme, et qui n'appartient à aucune autre religion .

II.7. Diverses considérations

II.7.1 La promesse de Trump

La " Déclaration Balfour " n'est pas la seule qui occupe la mémoire palestinienne. Il y a la « Déclaration Trump », qui non seulement a présenté toute la Palestine comme un cadeau à Israël, a reconnu Jérusalem comme sa capitale et a déplacé son ambassade de Tel Aviv, mais plus encore en lui offrant le plateau du Golan syrien.

II.7.2 Une autre approche à l'opposé du sionisme: Neturei Karta

C'est une organisation des Juifs orthodoxes conservateurs, antisionistes et qui appelle à la nécessité d'éliminer l'État d'Israël.

L'organisation " Neturei Karta ", qui signifie en araméen "gardiens de la ville", est apparue en 1938 et était composée principalement de deux groupes de "Yashub ", c'est-à-dire les "Juifs présionistes" qui vivaient en Palestine avant la création d'Israël, venus de Hongrie. et la Lituanie.

L'organisation croit que Dieu a puni les Juifs en supprimant leur État dans l'Ancien Testament, et que seul Jésus-Christ peut rétablir un nouvel État pour eux. Par conséquent, toute tentative humaine de faire revivre un État juif est considérée comme une opposition à la volonté de Dieu. ce qui augmentera les souffrances des Juifs.

L'organisation considérait le défunt président palestinien Yasser Arafat comme le président de tous les résidents de la terre de Palestine, et le rabbin Moshe Hirsch a participé au gouvernement d'Arafat en tant que ministre des Affaires juives.

Le nombre des adeptes de la secte est estimé à moins de deux mille personnes, qui se trouvent principalement dans la ville de Jérusalem, notamment dans le quartier de « Mea Shearim » (Cent Portes), considéré comme leur principal fief. du mouvement à New York.

Il existe de petits groupes de juifs orthodoxes proches de Neturei Karta et opposés au sionisme, principalement situés à Londres, Vienne, New York et Montréal.

II.7.3 Talmud et positions des rabbins

La Thora c'est la Loi, c'est-à-dire les cinq livres de Moise qui composent le Pentateuque (Genèse, Exode, Lévitique, Nombres, Deutéronome). Ces livres sont communs aux Juifs et aux Chrétiens.

Le Talmud est un mot hébreu signifie "étude". Il est le livre de l'enseignement du judaïsme, il est une codification des discussions des rabbins sur la loi juive, la morale, les coutumes et les histoires documentées de l'héritage juif. Il est aussi la principale source de la législation des rabbins dans les affaires juridiques. Il est augmenté au cours des siècles. Plus de mille rabbins y ont travaillé.

Un rabbin est une personne qualifiée par des études académiques de la Bible hébraïque et du Talmud pour agir en tant que chef spirituel et enseignant religieux d'une communauté ou d'une congrégation juive. Il existe des femmes rabbins mais elles sont peu nombreuses.

Dans le judaïsme, le Talmud est le recueil principal des commentaires de la Torah.

 Le Talmud est un composite de deux éléments: la Mishna est la première version écrite de la loi juive qui a été transmise oralement, la Guemara.

Les Juifs considèrent le Talmud comme un livre saint et les paroles de ses érudits sont inspirées par le Saint-Esprit.

Au cours des siècles, les rabbins continuent à enseigner et expliquer le Talmud. Nombre de ces enseignements sont rassemblés dans deux grands corpus : le Talmud de Jérusalem, contenant les enseignements des rabbins de la Terre d'Israël, et le Talmud de Babylone, présentant les enseignements des rabbins de Babylone. Ces deux ouvrages sont rédigés dans les dialectes araméens utilisés respectivement en Israël et en Babylonie.

Certains rabbins interprètent le discernement dans le verset 53 de la Sourate 2 : Al-BAQARAH (LA VACHE). *Et [rappelez-vous], lorsque Nous avons donné à Moïse le Livre et le Discernement afin que vous soyez guidés"* comme étant le Talmud.

Les six sections du Talmud

Le Talmud est divisé en six sections générales, appelées " ordres " :

Zeraïm (" Semences"), qui traite principalement des lois agricoles, mais aussi des lois des bénédictions et des prières (contient 11 traités).

Moëd (Fête "), qui traite des lois du Chabbat et des fêtes (contient 12 traités).

Nachim (" Femmes "), qui traite du mariage et du divorce (contient 7 traités).

Nezikine (" Dommages "), qui traite du droit civil et pénal, ainsi que de l'éthique (contient 10 traités).

Kodachim (" Choses saintes "), qui traite des lois sur les sacrifices, le Saint Temple et les lois alimentaires (contient 11 traités).

Teharot (" Choses pures "), qui traite des lois de pureté rituelle (contient 12 traités).

<u>Radicalisme religieux et ethnique dans le Talmud.</u>

Dans le Talmud: quelques principes:

- Si un païen frappe un Juif, le païen doit être tué.
- Le Juif n'a pas à payer un païen pour le travail.
- Si un taureau israélien tue un taureau cananéen, aucune rançon ne sera payée, mais si un taureau cananéen tue un taureau israélite, la rançon doit être payée en totalité.
- Si un Juif trouve un bien perdu appartenant à un païen, il n'est pas obligé de le rendre.
- Quand un Juif tue un Gentil, il n'a pas à mourir; les Gentils ne sont pas couverts par la protection de la légitimité.

Gentils, du latin *gentiles* (les " nations"»), est la traduction habituelle de l'hébreu *goyim*, " nations ", qui désigne les non-Juifs.

- Il est permis à un Juif de recourir à des mensonges et ruses contre les Gentils qui sont des animaux.
- Les filles des Gentils sont impures depuis leur naissance.

Conclusion

Nous avons mentionné dans la première partie du livre que les Juifs n'ont plus de droit divin sur la Palestine selon les textes religieux. Nous avons démontré objectivement cela avec des textes religieux bibliques et coraniques.

Si quelqu'un doute de nos affirmations il peut reprendre la lecture des textes religieux.

Par contre le retour des Juifs en Palestine au XXème siècle est politique: la Promesse de Balfour et avant lui le livre de Théodore Herzl "l'État des Juifs". Herzl souhaite la création d'un Etat qui regroupe les Juifs du monde entier pour faire une Nation. Selon lui " Je considère la question juive comme n'étant ni religieuse ni sociale mais nationale".[32]

"Que l'on nous donne, dit-il, la pleine souveraineté sur une parcelle suffisante de la surface du globe, de manière à satisfaire les besoins légitimes de notre peuple. Nous nous occuperons de tout le reste."

"Deux régions, dit-il, peuvent être envisagées: la Palestine et l'Argentine".

"Pour l'Europe, nous formerions là-bas (en Palestine) un élément du mur contre l'Asie ainsi que l'avant-poste de la civilisation contre la barbarie."

"Si aujourd'hui nous quittons *Mizraïm (Egypte),* cela ne pourra se faire naïvement, comme autrefois. La *Society of Jews* sera le nouveau Moïse des Juifs".

La divergence entre les protagonistes sur le retour des Juifs en Palestine, certains pensent que c'est la volonté politique de l'Occident d'autres c'est la volonté divine qui fait partie des signes de la Fin du monde.

Lorsque Cheikh Al-Shaarawy[33] était ministre des *Awqaf* (Dotations) en 1976, il s'est rendu en Angleterre lors d'une conférence sur le dialogue des religions à Londres. Une délégation de rabbins de haut rang est venue rencontrer Cheikh Al-Shaarawy. Ils lui ont demandé: "Nous sommes les Juifs, que Dieu nous favorise avec l'abondance de prophètes et de messagers, mais vous en tant que Musulmans, vous

---

[32] Théodore Herzl "Etat des Juifs" Pages 23, 43 ,45, 47 et 96.
[33] Mohamed Metwali Chaârawi, né le 5 avril 1911 et mort le 17 juin 1998 , est un théologien égyptien et homme politique.

n'avez qu'un seul prophète, Mouhammad, expliquez-le nous?

Cheikh al-Chaarawy (qu'Allah lui fasse miséricorde) leur donna une brève réponse qui les surprit : " Le grand nombre de prophètes indique la multitude de maux et de maladies des cœurs." Puis ils lui ont demandé:

Quelle est la preuve de la véracité du Coran et du fait qu'il s'agit vraiment d'un livre d'Allah mais de Mouhammad?

Al-Shaarawy répondit : « Dans le Saint Coran, il y a un verset qui prouve que c'est vrai de la part d'Allah et que notre Prophète Mouhammad (Paix et bénédiction d'Allah soient sur lui) est vrai dans ce qu'il a rapporté comme versets, et ce verset parle de vous, les Juifs, ne le savez-vous pas? Ils ont dit non, nous ne le connaissons pas .

Il cite le Saint Coran :

« Nous avons dit ensuite aux Fils d'Israël : 'Par Allah, Habitez cette terre ! Quand l'Autre promesse se réalisera, nous vous ferons revenir en foule. ». Le Voyage Nocturne. Sourate XVII, verset 104.

C'est la première fois que ce sujet d'actualité, le conflit arabo-israélien, est abordé dans un livre sous ses aspects pluralistes et instructifs qui peuvent aider ceux qui veulent avoir une vision globale sur ce sujet.

Bibliographie

Malek Bennabi "Le Phénomène Coranique". Essai d'une théorie sur le Coran. En 1947. Il publie cet ouvrage à Alger, en français.

Louis Second. La Saint Bible 1910

Egypte et Ethiopie. Axoum. Olivier Beauregard Bulletins et mémoires de la société d'Anthropologie de Paris. Année 1892. Pages 199-213

Nathan Weinstock, "Renaissance d'une nation: Les Juifs de Palestine, de l'Antiquité à l'apparition du mouvement sioniste".

Antoine Sfeir, Brève histoire de l'Islam à l'usage de tous, Bayard, 2007, réédition 2012.

Théodore Herzl Der Judenstaat (L'État des Juifs). Suivi de l'Essai sur le sionisme de Claude Klein. Editions la Découverte , Paris 1989.

Wikipédia l'Encyclopédie Libre l'affaire Dreyfus.

Grace Halsell "Prophétie et politique: L'alliance secrète entre Israël et la droite chrétienne américaine."

https://www.aljazeera.net/author/mohamed-shabaan-ayoub

Mohamcd Mahyoub Hatem "La Divine Planification. Editions Croix de Salut

Muhammad Hamidullah traduction française du Saint Coran. Edition 1989.

Deux phases de la démographie de la Palestine, 1872-1948 et 1967-2025

Aspects comparatifs. Youssef Courbage. Open Edition Books.

Mon email: hmahyoub@yahoo.fr

info@omniscriptum.com
www.omniscriptum.com
OMNIScriptum